I0705181

ANTOLOGÍA DE RÓMULO E. DURÓN

HONDURAS LITERARIA POESÍA

TOMO II: 1879—1899

ERANDIQUE
COLECCIÓN

HONDURAS LITERARIA POESÍA TOMO II (1879—1899).
Antología de Rómulo E. Durón

©Colección Erandique
Supervisión Editorial: Óscar Flores López
Diseño de portada: Andrea Rodríguez—Mariana Turcios
Administración: Tesla Rodas—Jessica Cordero
Director Ejecutivo: José Azcona Bocock
Primera Edición
Tegucigalpa, Honduras—Marzo 2025

OTRO APORTE DE DON RÓMULO

Pocos personajes se dedicaron con tanta pasión y desinterés a rescatar la historia de Honduras como don Rómulo E. Durón. El país está en deuda con él… Esa labor lo llevó a dar a conocer la producción en prosa y versos de muchos hondureños. Los tres tomos de Honduras Literaria (poesía) que publicaremos son una muestra de ello.

Hombre de una vasta cultura, hurgó archivos, compró libros y revistas, recopiló y juntó la cosecha en antologías que, a ochenta y tres años de su fallecimiento, aún perduran.

Los lectores podrán descubrir en esta edición la poesía de Josefa Carrasco, Carlos Alberto Uclés, Gonzalo Guardiola, José Santos del Valle, Carlos F. Gutiérrez, Adán Cuevas, Lucila Estrada de Pérez, Miguel Rico Guardiola, Ramón Reyes, Miguel Fortín y el propio Rómulo Ernesto Durón, porque, además de historiador, investigador, diplomático y abogado, fue poeta y narrador.

El período abarca veinte años, de 1879 a 1899. Desde su publicación han transcurrido 126 años.

Honduras Literaria en poesía se suma a la larga lista de obras publicadas por don Rómulo: La campana del reloj (cuento); Honduras Literaria en prosa, con escritos de José Cecilio del Valle, Francisco Morazán, Dionisio de Herrera, Ramón Rosa, Marco Aurelio Soto, Álvaro Contreras, entre muchos otros; La provincia de Tegucigalpa bajo el gobierno de Mallol; las biografías del presbítero Francisco Antonio Márquez, de Juan Lindo, de Justo Milla, de Marco Aurelio Soto y de José Cecilio del Valle; y Gobernantes de Honduras. También dedicó gran parte de su vida a rescatar las pastorelas del padre José Trinidad Reyes.

Su herencia continuó en su hijo, Jorge Fidel, y en sus nietos, donde destacan el crítico de cine Mauricio y el arquitecto Luciano, a quienes Colección Erandique agradece por la generosidad de facilitarnos la obra de su ilustre abuelo y por las veladas en el antiguo jardín familiar, acompañados de vino y café.

Pero que sea el abogado Jorge Fidel Durón, hijo de don Rómulo, quien nos cuente el resto en la presentación que sigue a continuación.

Óscar Flores López/Editor Colección Erandique

PRESENTACIÓN

Todavía está ahí, esperando la acción del acucioso investigador y estudioso, la tarea de escribir la historia de la literatura hondureña. De haber tenido el día más de veinticuatro horas, Rómulo E. Durón la habría escrito. De todos es conocido que, ambidextro, cuando la diestra se fatigaba, ahí estaba la izquierda completando con sus rasgos finos y perfectamente legibles la idea, el pensamiento, el dato precioso. Su admirable trabajo sobre los oradores sagrados, políticos y parlamentarios de Honduras, muy poco divulgado, su valiosa información sobre la historia de la iglesia hondureña, desgraciadamente incompleto, y las treinta más obras jurídicas, históricas o literarias, publicadas e inéditas, dan un concepto de lo que él pudo hacer de haberse dedicado exclusivamente a la tarea de escribir.

Pero, ahí estaba la vida enfrente y estaba la necesidad imponente de sobrevivir. Y por ello, iniciando su labor desde el año de 1887, terminándola pocos días antes de su muerte, 13 de agosto de 1942 para ser precisos, quedan apenas los libros que se consignan en la contra carátula inferior primera, las hojas dispersas que no vieron la publicidad, sus inagotables artículos de divulgación literaria, histórica o jurídica en las páginas de la prensa hondureña y del exterior.

La Secretaría de Educación Pública, que comenzó reproduciendo su valioso "Bosquejo Histórico de Honduras", seguido del primer tomo de la "Historia de Honduras", emprende ahora una obra que debió haberse hecho desde hace muchos años. Porque, para la cultura de los pueblos es esencial el conocimiento de sus grandes hombres, la divulgación de sus ingenios, la propagación de sus escritos perdurables.

Y la "Honduras Literaria" del doctor Durón, más apreciada y difundida en el exterior que en el propio país, se había convertido en los últimos años en lo que los bibliófilos denominan un collector's item y alcanzaba precios fabulosos en el mercado de los libros cuando era preciso e indispensable que esta obra estuviera en la mesa de todos los que escriben, en manos de todos los que leen, del jurisconsulto y del estudiante, del poeta y del prosista, para asistir con su lectura al desenvolvimiento literario de Honduras.

La visión del autor al escribirla fue demostrar el innegable reclamo que tiene nuestro país a parangonarse con orgullo con otras tierras quizá más afortunadas. Bastaría, en mi concepto, con los escritos de José Cecilio del Valle, el Sabio por antonomasia, para darle brillo a la colección en prosa. Creo que bastaría con los versos de Juan Ramón Molina para enaltecer la colección poética. No obstante, a nombres tan ilustres se agregan en el tomo de prosa los de Dionisio de Herrera, padre de la Patria y gran hondureño que en nuestros días federales fue Jefe de Estado de tres países hermanos; el de Francisco Morazán, más conocido como héroe y como guerrero invicto; el de Juan Lindo, político y estadista; los de Francisco Ferrera y José María Cacho, hombres adelantados a su tiempo; el de José Trinidad Reyes, el inmortal autor de las "Pastorelas"; los de Máximo Soto y León Alvarado, humanista el primero, visionario el segundo; el de Francisco Cruz, autor de nuestra primera Flora; el de Carlos Gutiérrez, nuestro primer novelista; el de Álvaro Contreras, el orador que avasallaba; los de Crescencio Gómez y Valentín Durón, legisladores y educadores; el de Adolfo Zúñiga, orador y político; el de Céleo Arias, el autor de Mis Ideas; el de Marco Aurelio Soto, el reformador, y el de Ramón Rosa, su insigne lugarteniente; el de Rafael Alvarado Manzano y el de Jerónimo Zelaya, ambos jurisconsultos e internacionalistas; los de Carlos Madrid y Jeremías Cisneros, trabajadores ilustres; los de José Esteban Lazo y Liberato Moncada, investigadores e intelectuales; el de Policarpo Bonilla, cuyo nombre llena una época de nuestra historia política; el de Carlos Alberto Uclés, poeta y erudito; el de José Antonio López, uno de nuestros primeros ensayistas.

Los de Ángel Ugarte y Constantino Fiallos, ambos científicos; los de Trinidad Ferrari y Alberto Membreño, escritores castizos, animadores del idioma; los de Ramón Reyes y Eduardo Martínez López, esteta el primero e historiador el segundo.

Este tomo, que contiene los poetas, se inicia con José Trinidad Reyes, el vate bucólico que cantó las cosas sencillas y, como Campoamor, "picó en el corazón"; siguen Carlos Gutiérrez, Justo Pérez, Teodoro Aguiluz, Francisco Vaquero, Jeremías Cisneros, Joaquín Díaz, Juan Ramón Reyes, Ramón Rosa, Guadalupe Gallardo, Manuel Molina Vijil, Josefa Carrasco, Carlos Alberto Uclés, Gonzalo

Guardiola, José Santos del Valle, Carlos F. Gutiérrez, Adán Cuevas, Lucila Estrada de Pérez, Miguel Rico Guardiola, Ramón Reyes, Miguel Ángel Fortín, Rómulo E. Durón, Juan María Cuéllar, José Antonio Domínguez, Jesús Torres Colindres, Julio César Fortín, Valentín Durón, Félix A. Tejeda, Juan Ramón Valladares, Carlos Cáceres Bustillo, Doroteo Fonseca, Juan Ramón Molina, Froylán Turcios y Jerónimo J. Reina. Desafortunadamente, de esta lista representativa, fueron muy pocos aquellos que lograron que su nombre traspasara las fronteras en alas de la fama.

Era en los tiempos en que las comunicaciones estaban bastante atrasadas y era muy difícil viajar, trasplantarse, cosas que son esenciales para los cultivadores de las Musas. José Antonio Domínguez descuella después de Reyes como el poeta filósofo y su Himno a la Materia es considerado como su mejor poema. Ya hablé de Molina, el de los Cielos, Mares y Tierras y quien dejara acabadas composiciones demostrativas de su admirable estro poético. Froylán Turcios fue el representativo más brillante del buen gusto literario en el país y su poesía romántica y sus cuentos, así como sus publicaciones antológicas, le imprimieron un ritmo de decisivo progreso a nuestras letras.

Pero, la obra quedó trunca. Hace muchos años intenté hacer la Nueva Antología Hondureña, de la que se publicó una parte, siguiendo Jesús Castro Blanco con su notable Antología de Poetas Hondureños, desde 1869 a 1910, y Vicente Alemán (Claudio Barrera), con lo mejor de la producción de los poetas de su generación.

Fuera de estos, sólo Rafael Heliodoro Valle, con su paciente y benedictina labor, ha intentado reconstruir la historia de nuestra literatura y uno que otro estudioso, como Miguel Navarro y otros diligentes autores de obras de texto, han consignado trozos de lo mejor que en verso o en prosa han dejado de obra nuestros intelectuales, pero no en forma sistemática o científica.

De ahí que cobre tanta importancia la obra del Dr. Durón, una de tantas de su inagotable cosecha; y yo tengo la secreta esperanza de que, cuando estas ediciones caigan popularmente en manos de los representativos de las nuevas generaciones literarias del país, no ha de faltar alguien que, imitando su ejemplo, como dice Medardo Mejía, culmine y complete la obra con las aportaciones escogidas de nuestros hombres de pensamiento, con lo cual se habrá cumplido con el objetivo primordial que busca nuestra Secretaría de Educación y se le habrá hecho un señalado favor a la Patria.

JORGE FIDEL DURÓN
Septiembre de 1956.

JOSEFA CARRASCO

Nació en Santa Bárbara, capital del departamento del mismo nombre.

Ha sabido siempre distinguirse por su aplicación al estudio y por una delicadeza y dignidad de conducta ejemplares.

Sus padres, don Cándido Carrasco y doña Magdalena Leiva de Carrasco, pusieron particular empeño en la educación de esta hija predilecta, y en el Colegio de Señoritas de aquel departamento adquirió los conocimientos que llegaron a inspirarle tanto gusto y amor por las letras.

Ha cultivado la poesía con notable éxito. Varios periódicos de Centroamérica han reproducido algunas de sus composiciones, que revelan las dotes de imaginación y los delicados sentimientos de la dulce cantora de allende las márgenes del Ulúa.

Si la inspirada poetisa descuella por su inteligencia y cultura, descuella aún más por sus prendas morales. Su virtud inmaculada y su modestia la hacen honor de su sexo. Por la bondad de su corazón y sus cualidades de hija muy amante y consagrada al cumplimiento de sus deberes, se granjea siempre el respetuoso cariño de cuantos la conocen.

A COLÓN Y AMÉRICA

(En el IV Centenario del Descubrimiento de América)

Cuando la luz en el rosado Oriente
Despertaba risueña, encantadora,
Sobre las ondas de la mar rugiente,
Ligeras cual la brisa voladora,
Y con rumbo marcado hacia Occidente,
Tres carabelas saludó la aurora.

¿Quién las guía? ¡Oh, Dios! ¿Quién es el nauta
Experto y valeroso que las guía?
Es Cristóbal Colón, el italiano,
El que otro mundo ha dado en profecía:
Aquel mendigo que amparó Marchena,
Cuando llevado por su hermoso sueño
Ante los reyes de la culta España,
Su brío, sin rival, puso en escena.

En pos de un ignorado continente,
Ya domina del mar las tempestades;
¡Vedle!... lleva marcadas en la frente
Las huellas luminosas e inmortales
De una esperanza de verdad henchida,
Y la intuición de todas las edades
En su genio se encuentra resumida.

Seguirle es fuerza... sobre el vasto océano
Las naves dejan brilladora estela;
La brújula del nauta, salvadora,
El rumbo enseña que Colón anhela,
Y las olas gigantes que se alzaban
Del mar en los horrísonos desiertos,
Admiraba con éxtasis profundo
Colón, soñando en descubrir un mundo.

En viva luz se desbordaba el cielo...
En regaladas brisas el ambiente:
Los marinos, después de largas penas,
Alzan tranquilos la ceñuda frente;
Y al mirar que la aurora
Arrastraba su carro en el Oriente,
Enajenados, llenos de alegría,
De octubre vieron el onceno día.

Vieron también los mares tapizados
De verde yerba, cual pradera hermosa,
Y que fragmentos de árboles flotaban
Sobre la ola tremenda y espumosa;
Que una garza gentil, sobre las naves,
Con su rítmico vuelo se cernía,
Que una tórtola dulce y otras aves
Cantaban con divina melodía.

Entonces en la mente del marino,
La secreta esperanza que abrigaba,
Tomando bellas, colosales formas,
Casi en hermosa realidad miraba.
Mas el día pasó: sólo agua y cielo
El horizonte impávido mostraba,
Y la noche, callada, con sus sombras
A las veleras naves circundaba.

Las diez sonaron... y Colón, inquieto,
La mirada fijó en el Occidente,
Y en la solemne oscuridad brillando,
Descubrió lejos luminoso objeto:
Que era una luz la que tenía enfrente.
La razón afirmábale en secreto.

—¡La tierra cerca está! —dijo impaciente—,
De dicha siento estremecerse el alma;
¡Bogad, bogad, tripulación valiente,

Que de los triunfos obtendréis la palma!
Pocas horas después, en la alta sierra
Un cañonazo retumbar se oía,
Al mismo tiempo que gritaba: ¡¡Tierra!!
El venturoso y perspicaz vigía.

A ese eléctrico acento levantaron
Las torvas frentes los marinos fieros,
—¡Tierra!... ¿Es cierto? —dudosos exclamaron,
Y cual torrente desbordado, todos
En tumulto a la proa se agolparon.
Una faja grandiosa de esmeralda,
Por la penumbra aún medio velada,
Se adivinaba allá junto a la falda
De una montaña espesa y encumbrada.

"¡Alto! ¡Aferrad! ¡La tierra está adelante!"
¡Gloria a Colón, al genio soberano
Que presintió tras el soberbio Atlante
El bello continente americano!
¡Hijos del Nuevo Mundo, descubríos,
Y respetuosos inclinad la frente
Ante ese sabio que postrado en tierra,
Del Dios de Abraham y de Isabel en nombre,
En vuestro virgen y fecundo suelo,
Al resolver del orbe el gran problema,
Feliz tremola el español emblema!

Surgió su estrella, y sus fulgentes llamas,
Marcando el rumbo que ignorado estaba,
Le hacen llegar a las hermosas Bahamas,
Porque la ciencia que sus naves guiaba,
Y del Cristo la fe consoladora,
Con nuevo aliento su cerebro inflama,
Y harán que allá donde el Eterno mora,
En los épicos cantos de la gloria,
Llegue de sus hazañas la memoria.

Sí: del que afrentas devoró y desvíos
Con alma noble y de entereza llena,
Por una senda luminosa vuela,
De alcázares pasando a caseríos,
El nombre ilustre, y por doquier resuena
Retumbando en los ámbitos vacíos.

¡Y tú, América! Virgen pudorosa,
Radiante, augusta, en tu altivez sencilla,
Te alzaste tan espléndida y hermosa
Que Colón al mirarte se arrodilla.
Yo quisiera, al cantarte,
El poder inmortal y prepotente
Que hay en la voz del genio y del poeta,
Que hay en la hermosa tempestad rugiente
Y en el viril acento del atleta.

¡Oh, América soñada!...
Gallarda reina de la cumbre andina,
De la azulada Hudson ninfa alada,
Que te yergues magnífica y divina
En medio de dos mares,
Y miras extenderse en lontananza,
Sobre tus regios lares,
"El horizonte azul de la esperanza;"
En la diadema que tus sienes orla
El Ártico salvaje,
Luce de perlas colosal penacho
Cuando se agita en tumultuoso oleaje;
Y en tus centros, emporios de riqueza,
Se asienta el Darién, ruge el Mar Caribe
Y pregonan la insólita grandeza
Que en toda tu gentil naturaleza
Con profusión el Hacedor escribe.

A tus plantas se extiende
El Antártico; el bello Magallanes
Y el Amazonas, el Madeira, el Plata,
Precédenles cual coro de titanes,
Y tus bruñidos, diamantinos lagos,
Los fulgores del cielo desafían
Cuando los rayos del ardiente Febo
Sobre sus linfas diáfanas y puras
Brillando se extasían.

Mas, tú indígena raza,
Que entre tantas bellezas descollaba,
En la superstición y el fanatismo
Sumida, envuelta estaba,
Y en tu región hermosa
No había corrido el manto
Esa noche terrífica, ominosa,
Que en la brillante Europa
Borrado había el Evangelio Santo.

¡Colón! ¡Colón! Si al fin de tu jornada
Víctima fuiste de infernales sañas,
La América, por siempre enamorada,
Vivirá de tus ínclitas hazañas.
Y el himno universal que se levanta
En loor a tu gran genio,
Sonará de cada uno en el proscenio;
Y tu nombre preclaro y bendecido,
Que el orbe todo con cariño guarda,
En la rugosa frente de los siglos
El porvenir encontrará esculpido.

Santa Bárbara: 12 de octubre de 1892.

INSPIRACIÓN

FRAGMENTOS

¡Ah! sin la ardiente y protectora llama
Que sublima y alienta las ideas,
Y en rayos suavísimos derrama
La sacra luz de sus hermosas teas,
La inteligencia traslucir no osara
Los mundos intangibles
Que a los ojos humanos
Se ocultan invisibles;
Y extasiado el espíritu no viera,
Tras esa muda eternidad sombría,
Una grata esperanza lisonjera;
¡Ah! si no se tuviera
La agradable intuición de lo infinito,
Ese algo que ha negado
El frío corazón del ser maldito;
Y no se comprendiera
Cuánto se oculta en el confín dorado
De la celeste esfera,
La inspiración, la mente, escollaría
Ante inmensos arcanos,
Y fueran tristes, pálidos y vanos
Los ensueños que el alma forjaría.

Cuando rugientes en la mar se agitan
Las tumultuosas olas encrespadas,
Intrépidas golpeando las arenas,
En insondable abismo desplomadas,
¿Qué poderosa voluntad produce
Esa secreta conmoción que aterra?
¿Dó está ese Atleta que estremece airado
Las entrañas profundas de la tierra?

Y cuando en noches de imponente calma
Cruza veloz el fúlgido meteoro,
Perdido en el espacio;
Cuando en hermosa filigrana de oro
La rósea nube borda de topacio
El regio monumento,
Del crepúsculo bello en el momento;
Cuando se alza soberbio en el Oriente
Esplendoroso el sol de la mañana,
Y cuando al declinar en Occidente
Con pompa soberana
Las montañas y prados tornasola,
Bañando el cielo de carmínea grana;
Cuando el lirio despliega su corola
Mecido por las auras,
Al beso de la tarde,
De su gracia y perfume haciendo alarde;
¿Cuál es el alma que palpita en todo
Y domina ese todo en el momento?...
En la esfera común no se percibe:
¡Tiene su trono allá en el firmamento!

¡Si llegara a tocar en mi delirio
Ese mágico altar del pensamiento,
Do el genio deposita sus laureles
Y la dulce emoción del sentimiento;
Pudiera entonces de fulgor divino
Bañar la senda que mis plantas huellan,
Trocar esta ignorancia que me ofusca
Por la radiosa lumbre de una estrella!

¡Vuela, águila sublime,
Ávida y soñadora fantasía,
Viajera infatigable que caminas
Sin descansar un día
Entre ilusiones, lágrimas y espinas...!
Tus alas pliega en la celeste esfera,

Y roba ese misterio a la eminencia
Volviendo luego a iluminar mi numen
Con un destello de la altiva ciencia.

Aurora que disipa las tinieblas
De la lóbrega noche de mi vida,
Inspiración querida
Que en momentos de vértigo sentí;
¡Ven a darme tu aliento poderoso,
Quiero empaparme para siempre en ti!
Espléndido reflejo de la gloria,
Desatino febril del alma mía,
Plácido encanto de mi mente inquieta,
Del corazón la íntima alegría;
¿Por qué tu iris hermoso no fulgura?
Dame los rayos de tu lumbre pura,
¡Que poseerte yo quiero enajenada!...
¡No reprimáis su vuelo,
Pensamientos fatídicos del suelo...!

¡Oh, ven, sí, grata inspiración ferviente,
Y desate tu soplo refulgente
Los oscuros crespones de mi ideal!
Y al filtrarse en mi espíritu la llama
Que te alienta inmortal,
Rápida como el rayo incendia, inflama
Lo que encuentres mezquino y terrenal...!
En tu foco de luz quiero envolverme,
Y cual chispas eléctricas sentir
Que al choque poderoso de tu aliento
Gigante, en mi cerebro el pensamiento
Va con el sol su luz a confundir...
Ven, y tu grata transfusión en mi alma,
En mi alma, que te llama y te desea,
Sirva para encender en mi cabeza
La sacrosanta antorcha de la idea.

A LA JUVENTUD HONDUREÑA

Se extinguieron las zarzas punzadoras
Que endebles vegetaban
En nuestro caro suelo;
Troncháronse los sauces gemidores
Que con susurro lúgubre imitaban
La misteriosa voz de los dolores
Ajenos al consuelo;
Y el tórrido calor de un sol ardiente
Fertilizó esta tierra, y a su influencia
Surgieron plantas de fecunda savia,
Que dan a Ceres gran magnificencia.

Roto hallamos el círculo pequeño
En donde el germen del error bullía
En los aciagos tiempos de conquista,
De oscurantismo y ruda tiranía.
Después, de libertad el faro hermoso
Para la Diosa de Colón fulgura,
Y el amor de los Padres de la Patria
Un excelso destino le asegura.
Aún vive perdurable
El recuerdo dichoso
De los varones ínclitos
Que con celo laudable
Libertad nos legaron,
Y con amor profundo
A la virgen América elevaron
Frente al Antiguo Mundo.

Despertóse el espíritu,
Sacudiendo el crespón de las tinieblas
De la ignorancia adusta,
Y risueña y augusta
La primera alborada de un gran día
Decoró el horizonte,

Benéfica, esplendente,
Haciendo a un pueblo todo
Alzar del polvo la humillada frente.

¿Quién retiene hoy en el sosiego inerte
A las ciencias que marchan adelante?
¿Quién la idea encadena?
No de opresores ya la saña fiera
En extinguir se goza
Del pensamiento la inmortal lumbrera.

Gratas auroras miras hoy tranquila,
Juventud hondureña,
Y el don inestimable,
Cual bienhechora enseña,
Muestras de tu radiosa inteligencia,
De tus grandes ideales,
Tus bellas ilusiones,
Tu ardiente corazón, pura conciencia.

¡Oh, noble juventud! urna sagrada
Donde la patria su esperanza guarda,
Anhelosa, valiente, entusiasmada,
Marcha, marcha adelante,
A ceñir del talento y de la gloria
La preciada corona
Con que la fama en este siglo heroico
La virtud y la ciencia galardona.

Marcha tras el sendero luminoso
Que Bolívar y Washington trazaron;
Marcha sobre las huellas inmortales
Que aquellos astros, vívido, legaron,
Realizando con gloria sus ideales.

Alumnos afanosos de Minerva
A cuyo alcázar remontáis el vuelo,
Las benéficas artes y la ciencia
Profusas premiarán vuestro desvelo;
Y cuando, llenos de ese noble orgullo
Que el espíritu inflama,
Para la obra del bien miréis ardiendo
De la verdad la llama;
Cuando miréis las esmaltadas flores
Del talento y del genio
Desplegando sus pétalos divinos
Del mundo en el proscenio;
Cuando en las selvas fértiles de Honduras,
Nido de dulces aves,
El himno sacro del trabajo suene
Bajo el fresco banano,
Y las blondas espigas
Y el lustroso cafeto
Brinden opimo fruto,
El estandarte del progreso entonces
Veréis flamear sobre las altas cumbres
De las montañas patrias,
Y veréis realizada la esperanza
De abrirse para Honduras
Un porvenir de gloria y venturanza.

Prosigue ¡oh, juventud! que eternos lauros
Te guarda la justicia en las alturas
A do llegan las águilas del genio
Entre envidias, angustias y amarguras.
La inteligencia es luz, llama celeste,
Es don divino, inmenso poderío:
Y que jamás te canse el cultivarla
Anhela con vehemencia el pecho mío.

ILUSIÓN

Halagüeña ilusión que te levantas
Brillando, como el sol en el Oriente,
Y los vastos espacios de la mente
Con tu reflejo sideral encantas.

¿Podré fiarme de ti, que penas tantas
En cambio de placer das inclemente,
Que vas sembrando espinas fríamente
Donde se imprimen del mortal las plantas?

No me muestres tu faz enardecida,
Si tus promesas son bellas quimeras
Y si al nacer renuncias a la vida;

Pues si me das caricias lisonjeras
Para hacerme llorar tu despedida,
¡Mejor quiero morir cuando tú mueras!

EN EL CAMPO

¡Ay! con el alma enferma todavía,
Con la agonía de íntimo dolor,
Velados por las lágrimas mis ojos
Miraba en derredor.

Y encontré de una rama entre el follaje,
Cual triste gaje de mi muerto amor,
La vacía prisión de una crisálida
Junto a una mustia flor.

A MI DISTINGUIDO AMIGO LIC. DON ALBERTO MEMBREÑO

Un soneto me pides, y de paso
Con el aditamento de estrambote;
Así lo haré: mis velas pondré a flote
Aunque me sopla un viento muy escaso.

Con timidez abordaré el Parnaso
Si permiten las musas que le explote;
Pero temo que el numen no me dote
Del poético caudal que exige el caso.

Es tanto ya el atrevimiento mío,
Que un sacrilegio me dirán cometo
Invadiendo de Apolo el templo augusto.

Se mostrará también severa Clío,
Colmando de reproches mi soneto,
Lo cual, a la verdad, será muy justo;

Mas con íntimo gusto
Sufriré tan atroz, duro castigo,
Por complacer a mi mejor amigo.

SONETO

En el cansado viaje de la vida
A cada paso una ilusión perdemos,
En torno nuestro dibujarse vemos
La noche del dolor ennegrecida.

El alma, pobre mártir, detenida
En el mísero polvo en que yacemos,
Apura del pesar ¡ay! los extremos,
Y de angustia mortal se siente herida.

Si al fulgor de una plácida esperanza
Ella recobra nuevo aliento y brío
Al traslucir la dicha en lontananza,

Revístese de orgullo y poderío,
Se agita tras su ideal, ebria se lanza;
Mas, desmayada y triste, halla el vacío...

ADIÓS AL LAGO DE YOJOA

Si blanca garza, cual la nieve, fuera
De tus playas ¡oh, lago encantador!
Por siempre enamorada yo viviera
Y tu oleaje suavísimo batiera,
Gozando de tus ondas el frescor.

Si de tu orilla lirio pudoroso,
O palma fuera de esmaltada sien,
Mi perfume te diera delicioso,
La voz de mi susurro cadencioso,
Y el suave beso de mi amor también.

Mas ni lirio ni garza, ni palmera,
Nada soy a tu orilla; ¡adiós, adiós!
Allá lejos tal vez a mi alma espera
El rudo embate de desgracia fiera
Que me siga quizá por siempre en pos.

Ya no veré tus matizadas aves,
Ni escucharé el rumor de tus florestas;
Ni miraré tus flotadoras naves
Que se deslizan por tus ondas suaves,
Ni tus montañas de elevadas crestas.

Bandadas de luciérnagas volando,
Yo, junto a ti, no más veré brillar
En noche oscura, ni el quejido blando
Escucharé del ave que, cantando,
Viene ante ti sus penas a exhalar.

¡Adiós mi lago, adiós mis avecillas!
¡Adiós, oh sauces de agradables sombras!
¡Adiós risueñas, poéticas orillas,
Adiós mis bellas, dulces tortolillas!
Mi labio siempre con amor os nombra.

¡Adiós paisaje encantador y hermoso,
Do la mano de Dios se admira tanto;
Sitio de calma, de placer y gozo,
Donde refugio el corazón ansioso
Halla en su angustia y mortal quebranto!

LA AURORA

Radiante asoma en el sereno espacio,
Rompiendo los crespones de la noche,
La aurora con su manto de topacio
En su esplendente y luminoso coche.

Su dorada melena en blondos rizos
Hermosa se desata en el Oriente,
Derramando a raudales sus hechizos,
Lanzando rayos de su faz naciente.

Bella hija de Titán, reina del día,
Igual repartes tu divino encanto
En el alcázar, en la selva umbría,
Como en la choza en que se anida el llanto.

Cuando dejas tu lecho en la montaña
Y tu brillo se esparce en la natura,
Todo en ella palpita y se engalana
Con los destellos de tu lumbre pura.

En el florido y delicioso prado
La brisa entre las palmas juguetea,
Y el lirio de cáliz perfumado
Con indolente majestad cimbrea.

Despierta la creación, sonríe el cielo,
El ave canta entre el follaje amores,
Que jamás murmura el límpido arroyuelo,
Y el genio de la luz besa las flores.

Rasgando vaporosas colgaduras
Viene el sol a ostentar su poderío;
Su fanal resplandece en las alturas,
Riela su luz sobre el tranquilo río.

Feliz mañana azul, temprana hora,
De brisa, de rumores, de armonía:
Yo consagro a la luz que te colora,
Mi voz, mi pensamiento, mi poesía.

SUEÑOS

Era una noche límpida, serena,
De tintas de oro y de carmín bordadas;
Noche de magia y luz, de encantos llena,
Grata como sonrisa de alborada.

Fúlgidas las estrellas cortejaban
A la luna en su carro de topacio,
Y radiantes planetas se inclinaban
Ante la dulce reina del espacio.

Vagaba el alma en ansiedad inmensa
Por el vasto horizonte iluminado,
Desvanecida ya la niebla densa
De lo desconocido y lo ignorado.

Soñé que veía coros adorables
De alados y beatíficos querubes,
Y que entonaban himnos inefables
Bajo dosel de nacaradas nubes.

En todo hallaba arrobador misterio,
Sagradas y armoniosas vibraciones,
Suaves cual los acordes de un salterio
Acompañando místicas canciones.

Doquiera con mirada escrutadora
Buscaba ansiosa el trono del Eterno,
Del Invisible que la mente adora,
Y el Reino pavoroso del Averno.

Mas no los descubrí; tan sólo viera
En borrascoso mar a los mortales,
Luchando con ardor y saña fiera
Por los míseros bienes terrenales.

Soñaba en la emoción de un sentimiento
Delicado, purísimo y profundo,
De caridad y amor que diera aliento
A cuantos peregrinan por el mundo.

Luz, ideales, perfumes y delirios
Me rodeaban, y mística poesía,
Y una guirnalda de inmortales lirios
Soñaba ufana que mi sien ceñía.

De ilusiones mi espíritu poblado
Por el éter lanzábase atrevido,
Como el cóndor del cielo enamorado,
Que por tocarle deja el caro nido.

En aquellas espléndidas regiones,
De eterno encanto y plácidos fulgores,
Encontraba la mente inspiraciones,
Ensueños mil de vívidos colores.

Pero llegó risueña la alborada,
Y vi volar, cual mariposas bellas,
Sin poder evitarlo, ¡ay! asombrada,
Los sueños, los querubes, las estrellas.

CARLOS ALBERTO UCLÉS

Ya se vieron en el primer tomo de esta obra algunos de los escritos en prosa del doctor Uclés. Van a verse ahora sus composiciones en verso.

Para el doctor Uclés, la gracia, la delicadeza, la luz, la armonía, el color, deben ser la principal preocupación del poeta. Los versos han de escribirse sobre temas nobles y de tal suerte que su lectura seduzca desde el primer instante, haciendo entrar la imaginación al palacio de los sueños. Si han de herir por la idea, deben acariciar por el brillo y por la melodía.

Es el doctor Uclés un apasionado del arte, a tal extremo, que, si bien ama la justicia por lo que es en sí y ha servido su causa con abnegación y entereza en este país como legislador y jurisconsulto, mucho más la ama y la sirve porque de ella parten todas las armonías destinadas a formar el encanto de la vida social.

DESEOS

A Concha Matheu

Quisiera ser tu sonoroso piano
Cuando a tu acento respondiendo fue;
Besar furtivo tu vibrante mano,
Y hasta rozar con tu ligero pie.

¡Si fuera yo el nardo que en tu seno
Color y aroma virginal halló!
¡De tu vida vivir, y al mundo ajeno,
Del corazón oír lo que calló!

Que no fuese, a un calor dulce y divino,
Lágrima tuya que jamás vertí;
En tus ojos nacer por mi destino
Y en tu mejilla fenecer por ti...

Quisiera ser tu libro predilecto,
Y, encantándote, hacer soñar quizá,
A la voz delicada de mi afecto,
Cuando ilusiones despertando va.

Si fuera yo la estrella que en el Norte
La luz tomó de tu pupila, azul;
Mariposa de amor presa en tu corte,
Rosa del Hérat que envidió Stambul!

Que no fuese la fuente enamorada
Que tu faz de ángel copia con afán;
Ruiseñor triste, alondra alborozada,
Que a ti sus quejas y sus cantos dan...

Quisiera ser, al asomar la luna,
Una callada noche del abril,
Serenata oriental que no importuna,
Para en tu alcoba penetrar sutil.

Si fuera yo, en tu alma apasionada,
Cual mentido ideal de algún Edén,
Y al fulgor ¡ay! de tu primera mirada,
Por tu sonrisa suspirar también!

Que no fuese a la vez, bajo tu almena,
Caballero gentil y trovador;
Y esclavo tuyo, por amante pena,
En tu pecho reinar como señor...

Quisiera ser el solo pensamiento
Que acaricia tu mente en su inquietud;
De placer o dolor tu sentimiento,
Todo tu ser, tu amor, tu juventud.

Si fuera yo la errante golondrina
Que el nido en tu balcón viene a colgar;
Madreselva inocente y peregrina,
Que tu jardín se permitió escalar!

Que no fuese, al compás de alegre danza,
Tú en mis brazos, yo loco de placer,
A decirte al oído una romanza,
Beber tu aliento y en tus ojos leer...

Quisiera ser tu espejo y tu acerico,
Tus diamantes y perlas al lucir;
Flores, plumas, olores, abanico:
Cuanto en ti misma pareció sentir.

Si fuera yo la almohada en que reclinas
Melancólica frente que soñó;
Rayo de sol que mueve tus cortinas
Y en un beso inmortal te despertó!

Que no fuese, alejando mi tristeza,
Tú paloma torcaz, yo urutaú;
Tú embriagada en mi amor, yo en tu belleza;
Yo en tu cielo, y en mi cielo tú...

TÚ Y YO

A María

I

Yo soy el bardo, —tú eres la cítara;
Yo soy la floresta, —tú el ruiseñor;
Yo soy un mundo que un sol vivifica,
Y tú eres el sol.

II

Yo soy la tristeza, —tú eres la sonrisa;
Yo soy la sed, —y tú el manantial;
Yo soy el alma que sueña y medita;
Tú eres el ideal.

III

Yo soy la tierra, —tú eres el cielo;
Yo soy la nube, —y tú el arrebol;
Yo soy la culpa que gracia te ruego;
¡Tú eres redención!

NOCTURNO

I

Abre la puerta, hermosa castellana,
Al triste trovador,
Que está aquí enfermo, al pie de tu ventana,
Muriéndose de amor.

Vengo a tus plantas, pobre caballero,
Cortés, rendido, leal,
Y te dirá lo mucho que te quiero
Mi trova provenzal.

Música finge del Edén tu acento,
Tus ojos garzos, luz;
En tu boca hay las rosas del aliento
Y las perlas de Ormuz.

Oro refleja tu cabello rubio,
El rocío tu tez,
Y azucena pareces del Danubio
Por tu regia altivez.

Con tu desdén, me imaginé olvidarme
Para siempre de ti;
Y pienso en ti; tú debes perdonarme...
¡Conduélete de mí!

II

Forjé el ideal más bello de poesía:
De patria, amor y fe;
Y junto a tu calada celosía,
De amor me moriré.

¿Quién en el mundo me dará consuelo
Para sufrir y amar?
¿Me otorgará la compasión del cielo
La Virgen de Kevlaar?

Como el soldado la sangrienta lanza,
Del pecho, en mi aflicción,
Arrancaré este amor sin esperanza:
¡No tienes corazón!

Mísero amante, nítida camelia
Que floreció en abril,
No habrá de ser la enamorada Ofelia,
Margarita gentil.

¿Qué importa la ilusión desvanecida,
Que se rompa el laúd,
Y de este sueño despertar sin vida
En el frío ataúd?

III

Una sonrisa tuya, una mirada,
Cautivaron mi ser,
Y me encienden un sol, niña nevada,
Hoy lo mismo que ayer.

Ruiseñor que alegró la primavera
Con estrellado azul,
Pronto enlutó mi angelical quimera
El nebuloso tul.

Para el alma que vibró en la lira,
Sin ti, ¿cómo vivir?
Si por un beso nupcial suspira,
Se tiene de morir...

¡Ay! de ventura, dulces devaneos
De mi infinito afán:
Pintadas mariposas, mis deseos
Sus alas quemarán.

¿Qué importa a la insensible castellana
Que el tierno trovador
Cante herido, de noche, a su ventana,
Y se muera de amor?

ÁLBUM

Tienes niños cual ángeles, de blondos cabellos,
Cuyos ojos fulguran, al sonreír, los destellos
Del cielo azul no más;
Cuyas blancas manitas, do gentil te aprisionas,
De ti, señora, hacen una de estas Madonas
Que Rafael crió jamás.

Así como mujer, como madre, señora,
Tu dicha presente, cuanto el mundo atesora
No podrá disminuir.
Y así en sus votos la amistad más sincera
A Dios pediría que al pasado te hiciera
Igual el porvenir.

Pues desear para ti, señora, otra cosa,
Pedir fuera tal vez el perfume a la rosa,
Murmullo al manantial;
Para mayo florido sus flores bermejas,
Y el canto a las aves, miel a las abejas,
Luz en noche estival.

ROMANCE

Trina, azucena del valle
Ameno del Tamboyás,
Que da al aura su perfume
Y a la fuente su beldad.

Las primeras alboradas
Sus aljófares te dan,
Su aletear las mariposas
Y los gorriones su piar.

Si a tus ojos se eclipsara
La lumbre de Aldebarán,
Si tu voz es como perlas
Cayendo sobre el cristal,

¿Cómo quieres que no te ame,
Si a mirarte llegué ya?
¿Cómo quieres que te olvide,
Si te supe idolatrar?

Encender de tu casita
En la dulce soledad
Con tus besos y miradas
El fuego de mi hogar...

Y arrullo el de las palomas,
Y ambiente el del arrayán;
Idilio es para soñado,
Mas para visto, quizás.

Mengua fuera no quererte:
Si en mi nombre brillo no hay,
De tu virtud y hermosura
Los diamantes valen más.

Que aun de orgullo y de cariño
En la recia tempestad,
No va amor donde lo mandan,
Y a donde quiera se va.

Y yo te amo, y te lo dice
El reclamo universal;
Cuanto canta y cuanto llora,
Cuanto suspira en su afán.

¡Ay! De mi afán, linda niña,
Conduélete por piedad:
O me das tu corazón,
O mi corazón me das.

Trina, azucena del valle,
Yo traje del Tamboyás
En mi pecho tu perfume
Y en mi mente tu beldad.

Que luzcan tus alboradas,
Y que te den, cual te dan,
Su aletear las mariposas
Y los gorriones su piar.

RECUERDOS

A Julia

Diecisiete primaveras,
Notas, perfumes, colores,
Te dan con sus ruiseñores
Y sus rosas tempraneras.

Mayos y abriles que son,
Bellos, floridos, risueños,
Realidades de tus sueños
Y ensueños de mi ilusión.

Nube que el turbión impele,
Parlera fuente callada,
Mariposa aprisionada,
Y corazón que se duele;

Palma mustia junto al río,
Golondrina de verano,
Luciérnaga en el vacío,
Murmurio febril y ufano;

Yo soy un ave afligida,
Perdida entre mar y cielo,
Que alzó de tu playa el vuelo,
Por la borrasca impelida.

Yo soy un poeta, y deliro
Tan sólo por una gloria:
Por vivir en tu memoria,
Por arrancarte un suspiro.

Si corro en pos de renombre,
Si a mi anhelo nada alcanza,
Es sólo por la esperanza
De que pronuncies mi nombre.

Por ti mi patria perdiera,
Por ti mi fe abandonara,
Y mi familia olvidara
Y mi libertad vendiera.

Que de amor, en justa ley,
Prefiera sin pesares,
A la corona de un rey
Tu guirnalda de azahares.

II

He sufrido tanto, tanto,
Lejos de ti, en un momento,
Que a no desahogarme el llanto
Me matara el sufrimiento.

La ausencia, ¡qué es? una pena,
Un dolor que nunca pasa:
Es la hiel que me envenena,
El puñal que me traspasa.

Aquí triste y desterrado,
Y doliente y gemebundo,
Tu imagen me ha consolado
En el destierro del mundo.

¡Ay! Ya nunca dudarás
Del amor que me inspiraras...
Te amara aunque no me amaras,
Y te amaré mucho más.

Hablan idioma distinto,
A veces distinto idioma,
Tus labios de terebinto
Y tus ojos de paloma;

Mas si no hallo nunca enojos
Que motiven mis agravios,
En la lumbre de tus ojos,
Ni en la risa de tus labios;

Nunca tendré en el exceso
De mi pasión desdichada,
Ni el sacramento de un beso,
Ni el cielo de tu mirada...

A ti volveré rendido
Si tu cariño responde:
Siempre en mi pecho partido
Tu dulce imagen se esconde;

Y siempre, tú mi tesoro,
Tú mi luz y mi contento,
Tú, ángel mío, a quien adoro,
¡Tú serás mi pensamiento!

SOBRE LAS OLAS

A Adriana

Tierras lejanas y lejanos mares
Sombrío recorrí:
Allá en abril las rosas y azahares
Se mueren como aquí.

Vuelvo otra vez errante golondrina,
Herido el corazón:
Déjala que haga, por piedad divina,
Su nido en tu balcón.

Te traigo del Oriente urnas radiantes,
En mi anhelo tenaz:
Perlas y flores, plumas y diamantes...
Bien mío, ¿quieres más?

¡Ay del amor! Yo vi las mariposas
Junto a la llama arder:
¿En el hielo no viste tú las rosas
Marchitarse y caer?

Ya tu casita a divisar se alcanza,
Como a través de un tul:
Dame un rayo de luz y de esperanza,
Bajo mi cielo azul.

CHABELA

Notas, perfumes, colores
Para tu libro quisiera:
Plumas de los ruiseñores,
Rosas de la primavera.

De tu virtud los diamantes
Y de tu gracia las perlas,
¿Quiénes vendrán anhelantes
Y ufanos a merecerlas?

Feliz el doncel ardiente
Que de ti alcance el tesoro,
Pues mereces en tu frente
Una diadema de oro.

Luz y música y aromas
Para tu libro quisiera;
Y plumas de las palomas
Y rosas de primavera.

CONCHA

Un pensamiento me pides,
Algún recuerdo de mí:
Te diré que no me olvides,
Que pienso en ti.

A C...

I

Toca en el piano, y del teclado arranca
Célicas notas con tu nívea mano;
Toca en el piano, mariposa blanca,
Toca en el piano.
Que aunque a su acento el corazón despierte,
Despierte insano,
Es dulce entonces recibir la muerte...
¡Toca en el piano!

II

De luz y amor y música y aroma,
Llenas el alma que agostó el dolor;
De luz y amor, que en la mirada asoma,
De luz y amor.
De alba que ríe o tarde que suspira,
Murmurador,
Es el acorde que tu genio inspira,
De luz y amor.

III

Y también canta, niña encantadora,
De ruiseñor con tu gentil garganta;
Y también canta, alondra de la aurora,
Y también canta.
Calme tu voz angelical mi pena,
Mi pena tanta,
Que aquí en mi pecho sin cesar resuena...
¡Y también canta!

IV

¡Ay! quién me diera en el marfil tornarme,
Para besar tu mano tan siquiera,
¡Ay! quién me diera en ti siempre mirarme,
¡Ay! quién me diera
Ser el perfume que tu ser perfuma,
Niña hechicera;
Y tu ensueño de amor, de oro y espuma,
¡Ay! ¡quién me diera!

V

Toca en el piano, que en la cuerda herida
Brota raudales de armonía tu mano;
Toca en el piano, inspiración y vida,
Toca en el piano.

Y aunque a su acento el corazón palpite,
Palpite en vano,
Las mismas quejas del amor repite,
¡Toca en el piano!

CHINDA

Quisiera darte en mi anhelo,
Para tu libro adornar,
Muchas cositas del cielo,
Muchas conchitas del mar.

Nada tengo en este día,
Para poner a tus pies:
Mis rosas de Alejandría
Y mis jazmines de Fez.

Vives como la violeta,
Aroma dando al abril,
Y es el abril tu poeta,
Tu caballero gentil.

Quisiera, quisiera tanto,
En este libro de amor,
Dejarte un rumor, un canto
De alondra y de ruiseñor.

Nada te doy, linda niña,
En este día de luz:
Mis flores de la campiña
Y mis perlitas de Ormuz.

AMOR DE MADRE

Enamorado un joven de una niña,
Le dijo un día él:
Pídeme perlas, flores, cuanto quieras,
Que tanto te daré.

¿Quieres las ricas joyas de mi madre?
Impóneme tu ley...
No, —repuso la niña—, lo que quiero
Yo, su corazón es;

Tráemelo. Entonces, a correr volando
Se echó el ciego doncel;
Y halló a su dulce madre que dormía,
Y pensó en ella él.

Y el pecho amante desgarró, y del pecho
El corazón también
Él le arrancó, y a casa de su amada
Llevándolo se fue.

Y lo llevaba al fin, y pues corriera,
Resbaló en el dintel
De la puerta al llegar, y cayó a un tiempo,
Por echarse a correr.

Y del materno corazón entonces
Brotó una voz, a fe,
Como ninguna dulce y cariñosa,
Diciéndole así a él:

—¿Te has hecho daño, hijito? Mi amor mío...
¡Lo que un corazón es!

MIOSOTIS

De tu precioso libro de recuerdos
¿La página primera es para mí?
Sea no más que el último en tu afecto,
Y eso me basta para ser feliz.

SERENATA

AC

I

¿Pero a qué vengo bajo tus rejas
A dar al aura mi inspiración,
Cantando amores, gimiendo quejas,
Si no despiertan ni las abejas,
Si está dormido tu corazón?

Traigo de unos lugares
Tras los alcores,
De cielos luminosos,
Tierras de flores,
Notas suaves,
Que aprendí de las brisas
Y de las aves.

Yo sé el lenguaje de una mirada,
De los suspiros yo sé el idioma;
Lo que se dice sin decir nada,
En la sonrisa disimulada,
O en una lágrima que entreasoma.

Traigo desde muy lejos
Músicas leves,
Diamantes que titilan,

Filtros aleves;
Rosas y perlas
Que las dríadas y ondinas
Van a cogerlas.

Yo sé los cantos más deslumbrantes
De las estrellas que el éter hienden,
Y como el iris de urnas joyantes,
Sé las esencias más odorantes
Que ansias divinas de amor encienden.

Te contara de Oriente
Cuentos de hadas,
De princesas del Norte
Tristes baladas;
Del Mediodía
Amorosos romances
Te contaría.

¿Pero a qué vengo bajo tus rejas
A dar al aura mi inspiración,
Cantando amores, gimiendo quejas,
Si no despiertan ni las abejas,
Si está dormido tu corazón?

II

Como un enjambre de mariposas
Vuelan ensueños sobre su frente;
Y de tus rubias trenzas y rosas
Fingen las gracias, mientras reposan,
Áurea diadema resplandeciente.

De quince primaveras
Las ilusiones
Te encantan con sus vivas
Cintilaciones:

Siempre risueño
El ángel de la noche
Vele tu sueño.

A la luz tenue que prendió un mago,
Dormida en albo lecho de plumas,
Por tu contorno helénico, vago,
Fueras nenúfar que mece el lago,
Cendal vistiendo de las espumas.

Te envuelven de jazmines
Suaves aromas,
Y rumores ignotos
De las palomas;
Y en blando anhelo
Tu mente va soñando
Cosas del cielo.

Lirio rizado que rompe apenas,
Tímida alondra que abre las alas,
Deja te arrullen mis cantilenas,
Que dan perfumes como azucenas,
Cual colibríes lucen sus galas.

Golondrinas que cruzan
Por tu ventana,
Y no ves porque vienen
Muy de mañana,
De ti no oídos
Pasarán ¡ay! mis versos
Como perdidos.

¿Pero a qué vengo bajo sus rejas
A dar al aura mi inspiración,
Cantando amores, gimiendo quejas,
Si no despiertan ni las abejas,
Si está dormido tu corazón?

III

Tu boca ostenta, niña hechicera,
Clavel purpúreo y aljofarado;
De coral copa, rica y perlera,
En la que el dulce néctar bebiera,
Silfo invisible y enamorado.

Es tu voz argentina
Voz de sirena,
Que resuena en el alma
Que se enajena;
Porque tu acento
Revela los misterios
Del sentimiento.

Tomó su luz más pura el zafiro
De tus radiantes pupilas garzas,
En las que efluvios de amor aspiro,
Cuando al mirarte del alba miro
Que los reflejos vivos engarzas.

Apacible poema
Se lee en tus ojos,
De un Edén que a alcanzarlo
Mueven antojos:
Tórtola herida
Lo traduce en la tarde
Que a amar convida.

Nacen tomillos por donde huellas,
Por donde pasas se aroma el aire,
Y hay en tus pasos músicas bellas,
Y resplandores cual de centellas
Hay en el brillo de tu donaire.

De gotas de rocío
Y rayos de luna
Las tintas virginales
Tu rostro aduna:
Mayo y abril
Guirnaldas te ciñeron,
Ninfa gentil.

¿Pero a qué vengo bajo tus rejas
A dar al aura mi inspiración,
Cantando amores, gimiendo quejas,
Si no despiertan ni las abejas,
Si está dormido tu corazón?

IV

Traigo en el pecho violeta de oro,
Que un día premio fue de mi lira:
Flores se nacen de amargo lloro;
De ruiseñores forman un coro
Íntimos ayes del que suspira.

Te contara un secreto,
Niña adorada,
Mas prefiero ocultarlo
Diciendo nada;
Que eres ajena
Del rimador amante
Siempre a la pena.

Y te dijera viéndote al piano,
Que eres la musa de mi poesía,
Y que reviven bajo tu mano
Fe y esperanza y amor temprano,
Marchitas flores del alma mía.

Mi violeta te diera,
Toda mi gloria,
Por sólo un pensamiento
De tu memoria:
El bardo errante
A tus plantas es siempre
Fino y constante.

Si perdonaras a mis deseos,
Yo te dijera, galanteador,
Que serías reina de los torneos,
Si tiempos fueran de galanteos
Y enamoradas cortes de amor.

Te contara novelas,
Diera alelíes,
Y esmeraldas cual ojos
De las huríes,
Por tu mirada
O tu dulce sonrisa
Disimulada.

¿Pero a qué vengo bajo tus rejas
A dar al aura mi inspiración,
Cantando amores, gimiendo quejas,
Si no despiertan ni las abejas,
Si está dormido tu corazón?

PARTIDA, AUSENCIA, RETORNO

A Julia

I

Pálida estaba, insomne... Parecía
Revelar en su faz
Yo no sé qué letal melancolía
Punzadora y tenaz.

Como se amustia el lirio y palidece
Sin calor y luz,
Así su frente angelical parece
En su cielo un capuz.

Yo apasionado y cariñosa ella,
Conmovidos los dos,
En una tarde embalsamada y bella
Nos dijimos ¡adiós!

Y un adiós, un adiós nunca se pierde,
Ni se puede borrar...
Ella quedóse en su casita verde,
Lancéme yo a la mar...

II

Triste seguí con la mirada el puerto
Que alejándose va...
¡Ay! Todo estaba en mi redor desierto,
Todo quedaba allá...

Y allí en mi barca que bordaba espumas
Como flores de abril,
Yo hablaba con ella entre las brumas
De un ensueño febril.

Antes sonreía a la floresta el cielo;
Y en su cárdeno tul
Astros no hay ya ni flores en el suelo:
¡No hay verde ni hay azul!

Todo está negro de mi vista en torno;
¡Qué triste es padecer!
Mas a la ausencia seguirá el retorno,
Y a la pena, el placer.

III

¿Volví? ¡Ah, no!... Mas volveré: su vista
Endulzará mi mal;
Que un ángel es al vate, y al artista
Una fada oriental.

Un ángel es... ¿Me olvidará?... ¿Quién sabe?
Un aria le escuché:
El juramento que tocó en el clave
Al prometerme fe...

Patrios alcores que la lluvia esmalta
Melancólicos vi:
Si ella al viudo corazón le falta,
La patria no está aquí.

Lejos en tanto, al suspirar le envío
Un eco gemidor;
Un suspiro que es todo lo mío,
Un suspiro de amor.

GONZALO GUARDIOLA

Es hijo del que fue Presidente de la República, General don José Santos Guardiola, y de doña Ana Arbizú de Guardiola.

Nació en Comayagua el 10 de enero de 1848.

Comenzó, pero no le fue posible concluir su carrera de Abogado.

Amante del estudio, ha adquirido un gran caudal de conocimientos sobre diferentes materias.

Apasionado por las antigüedades históricas de Honduras, es uno de los hondureños que mejor conocen el pasado del país. No hay documento antiguo que no pueda leer, por enrevesada que sea la letra, y una vez leído lo retiene grabado en su prodigiosa memoria con caracteres indelebles.

Ha sido Diputado al Congreso Legislativo y es en la actualidad Director del Archivo Nacional.

El señor Guardiola tiene escritas varias leyendas o tradiciones tegucigalpenses que no ha querido dar a la estampa, y ha rendido culto a las Musas. Sus composiciones poéticas son tiernas y sentidas. Muchas de ellas fueron publicadas en La Paz, periódico de gran fama que redactaban en Tegucigalpa Adolfo Zúñiga, Ramón Rosa y José Joaquín Palma.

LOS BARDOS

A Don Tomás Estrada Palma

Un español ha enseñado,
Sin que objetarle se pueda,
Que gloria es mala moneda
Para ir con ella al mercado.
Y Dumas (viejo) ha observado
La casta sacerdotal
De ese culto celestial,
Y ha visto avara la diosa
Con la caterva dichosa
Que vive del bello ideal.

Pueden consultar el caso
En los libros de la historia
Los amantes de la gloria;
Y si dudan, que en Pegaso
Se remonten al Parnaso,
Que en llegando al Helicón,
Dirán si tienen razón
Manuel Fernández González
Y Dumas, que como leales,
Hicieron la observación.

Sin la luz de su mirada,
Tras una limosna incierta,
Homero de puerta en puerta
Iba cantando La Ilíada.
¡Y aquella lira inspirada
Que hacía el ciego gemir,
Le daba para vivir
Una mísera pitanza,
Y una grandiosa esperanza
¡De gloria en el porvenir!

En una lidia incesante,
Huyendo por gibelino,
En la torre de Ugolino
Moralmente vivió el Dante;
Y cargando como Atlante
Un mundo y su iniquidad,
Viajó por la eternidad
Escribiendo aquel poema,
Que es el eterno anatema
De la impía humanidad.

Vivió el Tasso perseguido;
Preso fue, no tuvo hacienda;
Dio sus sábanas en prenda
De un préstamo recibido.
¡Los siglos han transcurrido!
Y aquel injusto desdén
Es la apoteosis de quien
Cantó el dolor del Tancredo
Y el triunfo de Godofredo
En los muros de Salén.

Camoes fue tan desgraciado,
Que jamás desgracia alguna
Labró la mala fortuna
Cual la de este desdichado.
Dióle tesoros el hado
Allá en la región ideal;
Mas le deja Portugal
En tan extrema pobreza,
Que murió tanta grandeza
Gratis en un hospital.

Y don Miguel de Cervantes,
Héroe y cautivo en Lepanto,
¡Su infortunio causa llanto!
Él descubrió en los gigantes

Los caballeros andantes;
Y a quien tan cuerdo vivió
Por loco se le tomó:
Si fue su genio su azote,
El sublime Don Quijote
Prez con su lanza le dio.

Fue su sino tan esquivo
Con el cantor de Julieta,
Que aun siendo cómico y poeta
Y algo cazador furtivo,
Pensando en lo positivo
Para poder subsistir,
Tuvo Shakespeare que unir
La prebenda de portero,
Y su gloria, cual Homero,
No pudo ni presumir.

Feliz, Young se adormecía
En brazos de un ser querido;
Fue del infortunio herido;
La muerte cortó en un día
Toda su dulce alegría,
Y en la mansión del dolor
Años gimió el ruiseñor
Allá en la sombra nocturna,
Bañando en llanto la urna
De su inolvidable amor.

Macpherson ¡qué maravilla!
Un drama por un almuerzo
Cambiaba el poeta perverso
En hallando alma sencilla.
Desnudo en sucia buhardilla,
El infeliz a su vez
Se comería tal vez
Las uñas por divertirse,

Que es cosa de presumirse
En un excéntrico inglés.

Lamartine al cielo sube
En bellas meditaciones;
Pasó el tiempo en ilusiones
Rodando de nube en nube,
Y con su arpa de querube
Cuál miseria no probó,
¿Cuál ponzoña no bebió?
Pidióle un óbolo a Francia,
Que tuvo tanta importancia
Que hasta su Nilly vendió.

En su grandiosa tristeza,
Henry Heine, fuego en el hielo,
Rendido a su desconsuelo,
Desdeñado en su pobreza,
Idealizó una belleza,
Y el desengaño más cruel
Hincó sus garras en él.
Y quien miró el orbe estrecho,
Paralítico en su lecho,
Ahogó su ambición en hiel.

Zorrilla, el de los cantares
De sultanas y zegríes,
Abencerrajes y huríes
De cármenes y olivares,
Se vio atravesar los mares
Criticado con afán;
Y el salvador de don Juan,
Errante y de tierra extraña,
Ya muy viejo volvió a España
A solicitar un pan.

Bécquer ¡Dios mío! eso es triste;
Ruiseñor, alondra y mirlo,
¡Quién pudiera presumirlo!
Apenas come y mal viste.
Cuando el cuitado no existe,
Se lanza todo Madrid
Como picado de áspid;
¡Oh sarcasmo! le hacen tales,
Tan soberbios funerales,
Como al mismísimo Cid.

Juan Diéguez, ¡tristes verdades!
Con el sudor de su frente
La tierra bañó, y doliente
En sus largas ansiedades,
Jamás a falsas deidades
Altivo quiso incensar,
Y murió pobre en su hogar.
Él fue un centroamericano
Vaciado en molde romano
Que pocos han de igualar.

Heredia en playa extranjera
Vivió y murió; y hoy se ignora
En qué tierra protectora
Está su mansión postrera,
Y aquella alma prisionera,
Apóstol de la verdad,
Sedienta de libertad,
Fue como fúlgida estrella
Irradiando siempre bella
Desde su inmortalidad.

Por qué los sueños de gloria
¿Turbaron su fantasía?
Porque cambiaron, un día,
Por lo inmortal de la historia;

Y al dejar la humana escoria,
En su afán de hacer la luz,
Llevaron como Jesús,
Por sus creaciones divinas,
Una corona de espinas
Hasta llegar a la cruz.

FANTASÍA

De nardos y rosas quisiera cubrirte,
Y en dulce canción
Decirte que sufro tormento infinito,
¡Oh luz de mi amor!

Y sobre las nubes llevarte en el carro
Luciente del sol,
A ungir tus cabellos con finas esencias
A eterna mansión;

A oír de una alondra el ritmo encantado
Unido a tu voz;
Allá donde nunca la mano del hombre
La dicha enturbió;

A ver encenderse en tus ojos de fuego
Mi leal corazón;
Y allí, niña hermosa, morir con el roce
De un beso de amor.

DESILUSIÓN

Ligeros vuelan los perfumes suaves
Del cáliz del clavel,
Rápidos cruzan el azul espacio
Los rayos de Antarés.

Ni los perfumes, ni los rayos, niña,
Ni al astro, ni al clavel,
Una vez idos, y al abismo huyendo,
Jamás pueden volver.

Una ilusión con sus dorados sueños
De gloria y de placer,
Son perfumes y rayos disipados,
¡Que nunca han de volver!

SI SUPIERAS

Si supieras que la luz de tu pupila
Es un fuego sutil,
Plegaras de tus párpados ¡oh, niña!
Las hojas de jazmín.

Si supieras lo que en silencio el alma
Ha llorado por ti;
Lo que es sentir, en vez de la esperanza,
De una duda el áspid,

Abrirías tus párpados, dejando
Tus ojos relucir,
Como al rasgarse las nubes de alabastro
Dos soles del cenit.

Y de mi alma iluminando el fondo

Con un fuego sutil,
Serían de mi fe la antorcha de oro,
Porque creer es vivir.

Pero todo lo ignoras, y mis penas
¡Oh, mi suave jazmín!
Olvidas por engaños y quimeras;
¡Nunca serás feliz!

A LA LUNA

Pálida te alzas, Febea,
Al compás de los cantares
Del zorzal; en los pinares
Ya tu lumbre va a irradiar;
Como Venus Anfitrite
En la espuma cristalina,
Sobre nube diamantina
Vas al seno a reclinar.

Te abren paso las estrellas
Por lo azul de lo infinito,
Diáfano, inmenso aerolito
Del negro abismo eternal;
Dulce maga de la noche,
Coronada con el iris,
Tal vez vas buscando a Osiris,
Blanca, vaporosa, ideal.

Siguiendo tu clara estela
Mi pensamiento se embriaga,
El alma en tu esfera vaga
Llena de grata emoción;
Y en el océano del cielo
Flotas, cándida sirena,
Melancólica y serena
Como amorosa ilusión.

Al caer tu rayo esplendente
Sobre los campos, parece
Que la tierra se adormece
Con el beso de tu amor;
Entonces, en las calladas,
Dulces horas de la umbría,
Tibia noche, en su armonía,
Te saluda el ruiseñor.

Silenciosa confidente
De la infamia y de la gloria,
Libro en blanco de la historia
De la pobre humanidad;
Tú has mirado las orgías
De la fortuna ostentosa,
Y escuchas la silenciosa
Plegaria de la orfandad.

En la bóveda estrellada
Hace siglos que rutila
Suave, plácida y tranquila
Para los hombres tu luz;
Y es la misma tu mirada
Sobre el regio mausoleo,
Que en la huesa donde veo
Por toda enseña una cruz.

De nuestro mundo cautiva,
Gigantesco, terso escudo,
Vas rodando al golpe rudo
De la fuerza sideral;
La vida en ti no palpita,
El genio del firmamento
Tu cadáver macilento
Guarda en tumba de cristal.

¡Cuánta ilusión por doquiera!
Eres roca, estéril puna;
Que tanta belleza, ¡oh Luna!
Próvido el sol te la dio:
Todo es fugaz perspectiva,
Si algo en la forma se advierte
En la nada se convierte
Cuando el hombre la tocó.

Del crepúsculo en los brazos
La mañana presurosa
Viene trémula, envidiosa

Tus fulgores a extinguir;
Y agonizante, en el cielo,
Cuando aquélla se desliza,
Eres la última sonrisa
De una noche de zafir.

De tus templos expulsada,
Vieja diosa de los druidas,
De grandezas extinguidas
Es emblema tu esplendor;
Fue tu culto abandonado
Por la humanidad entera;
Pero aún tienes la sincera
Religión del trovador.

LA FELICIDAD

En la ansiedad de la vida,
Siempre vamos con empeño
De las caricias de un sueño
Al árido mundo real;
Y pasa el tiempo volando,
La vida se va extinguiendo,
Uno tras otro perdiendo
Los encantos de lo ideal.

Brillantes como los astros
Que cruzan en lontananza,
Amores, fe y esperanza
Se miran desaparecer;
¡Ah! De la noche en el caos,
Cuando yace todo en calma,
Las inquietudes del alma
Siento en mi sueño crecer.

¿En dónde hallar un consuelo,
Si es mi existir tan sombrío
Como el invierno más frío
Del oscuro Septentrión?
Si hay menos luz en mi vida
Que en esas noches polares,
Más calor en esos mares
Que en mi pobre corazón?

He oído algunas veces
Una queja lastimera
Que en los aires va ligera
Y muy lejos a expirar;
Ella brota de los pechos
De seres que la fortuna
Halagó desde la cuna
Como genio tutelar.

La dicha es como la sombra
De las nubes en su vuelo
Por el ancho azul del cielo:
Corre como ellas veloz.
Siguen por áspera senda
Los mortales su camino
Porque su esplendor divino
Es un reflejo de Dios.

Dos veces me ha parecido
Sobre la tierra encontrarla
Y de hinojos a incensarla
Las dos veces me postré;
Vive mi espíritu incierto
Y al ver brillar una estrella,
Sospecha el alma que en ella
Tal vez hallarla podré.

Una leyenda sublime,
Poema del alma que ansía
Hallar la dulce poesía
Que llaman felicidad,
Guarda tenaz mi memoria,
Como imagen fugitiva
Con que la ansiedad se aviva,
En mi triste soledad.

En las remotas edades
A orillas de hermosa fuente,
Un filósofo en Oriente
Lánguido y triste llegó;
Fatigado peregrino
Al pie de fresca palmera
De la noche placentera
En los brazos se durmió.

Auras y genios y silfos,
Aquella frente besaron
Y a su oído murmuraron

No sé qué extraño rumor;
Y en su sueño vaporoso
De la fuente cristalina
Miró salir una ondina
Tan bella como el amor.

Flotaba sobre las ondas,
Impelida por la brisa,
Dulcemente se desliza,
Nevada garza gentil;
Blanca, pura, transparente
Como el rayo vagaroso
De la luna en el hermoso
Cielo risueño de abril.

Pero en el éxtasis suave
La mira desvanecerse
Y en la oscuridad perderse
Al tiempo de despertar;
Busca, no la halla, y resuelve
El Norte, el Sur y Occidente
Recorrer, vuelve al Oriente,
Mas sin poderla encontrar.

Fue muy larga la jornada,
Tan grande como su empeño,
Y herido por aquel sueño
Vino al cabo a sucumbir;
¿Feliz? ¡Quién sabe! La muerte
Tiene tan hondos arcanos
Que son los esfuerzos vanos
Para saber qué es morir.

HIMNO AL SOL

¡Salve, oh rey de la luz, inmenso Atlante,
Que en el espacio ardiendo,
Magnífico te yergues rutilante
A la creación sonriendo!

Evos y evos en la noche eterna
Esperas la creadora
Palabra en el espacio sempiterna
Que llega vibradora,
Llamándote a la vida, y obediente
Tu fuerza se condensa,
Gigantesca, sublime, omnipotente,
Incontrastable, intensa.
¡Rubio cóndor que en tu correr te intimas
En el hondo desierto
Del negro caos, que a tu paso animas
En un bello concierto!
En ese abismo aterrador, profundo,
En que tu vuelo tiendes,
Llevando entre tus alas este mundo,
Con rapidez desciendes.
¿A dónde irás? No lo sé, en raudo torbellino
Girando arrebatado,
¡Tal vez tu imperio encadenó el destino
A otro rey ignorado!
Y eres Helios luciente, algún pigmeo
Satélite en la esfera
De otro más grande celestial Briareo
Que te hala en su carrera.
Límpida de tu disco refulgente
Se desprende la llama
De hidrógeno fugaz e incandescente
Que en tu seno se inflama.
Ciclópea fuerza de tu hirviente impulso
Lanza por el vacío
El rayo abrasador, germen convulso
Cual fecundo rocío.

De ti es la tierra apasionada, albea,
Te busca estremecida,
Retiembla y al redor revolotea
De tu lumbre querida.
Con el beso de amor que allá en la aurora
Le envías cariñoso,
Regenera su ser a cada hora
Con lujo esplendoroso.
Tuya es la filigrana del verano,
Del invierno el armiño
Y el verde-azul bramador océano,
Que meces como a un niño.
Eres dios del amor, aquel Cupido
Que despierta el anhelo,
Y cruel quizá por magia de algún fluido
Armaste el brazo al vengador Otelo.
Por ti fue Napoleón de tantos reyes
El amo, y con su gloria
A la Europa venció, le dictó leyes
De victoria en victoria.
El sabio Sechi por ti se inmortaliza,
Te estudia, y arrebata
Los misterios que ocultas, te analiza
Y tu imagen retrata.
El rayo ardiente que animó mi barro,
Mi frágil existencia,
En hora muy fatal, fue de tu carro
Perdida transparencia.
Por ti se siente abrasador deseo
Para escalar la altura.
Eres el cuervo feroz de Prometeo,
Causa de su locura.
Y si un día tu núcleo se apagara,
Segaría la muerte
Con su hálito fatal cuanto encontrara
Sobre la tierra inerte.
¿Quién sabe si serás en las edades
El edén prometido?
¡Tal vez por las desiertas soledades

¡Te pierdas extinguido...!
Y ya ciego, moviéndote al acaso
En excéntrico viaje,
A un choque de otra mole en el ocaso
Nuevamente te encienda tu coraje.
Mas si apaga el destino soberano
Tu refulgente aureola,
Te arrastra el tiempo con su férrea mano
Cual fugitiva ola.
Alrededor de prepotente estrella,
Convertido en un mundo,
Irás llevando a humanidad más bella
En tu seno fecundo.
Y envuelto con las gasas azulinas
De algún límpido cielo,
Allá en tus trópicos llevarás colinas
Y en tus polos el hielo.
Los cantares oirás de la alborada,
El vuelo del céfiro,
La sinfonía de la mar airada,
De la noche el suspiro.
Pero ¿a qué delirar? foco incesante
Que al universo agita,
¡Hijo del cosmos! La creación constante
Es tu ley infinita.
¡Hércules vencedor, titán ardiente,
No pares tu carrera!
Bríndanos con tu luz eternamente
¡Eterna primavera!

JOSÉ SANTOS DEL VALLE

Nació en Tegucigalpa el 23 de junio de 1849.

Es hijo de don Pedro del Valle y de doña Teodora Contreras de Valle.

El señor del Valle es sobrino del célebre escritor don Álvaro Contreras y del humanista don Julio Contreras, que tan luminosa huella de su paso dejó como profesor en la antigua Universidad de Honduras.

A los diecinueve años, el señor del Valle se dedicó al ejercicio del comercio; pero ello no le impidió emplear parte de su tiempo en el cultivo de la poesía, por el cual sintió gran afición desde que hizo sus primeros estudios.

El señor del Valle ha servido puestos públicos de importancia. Ha sido Administrador de Aduana y Contador Mayor del Tribunal Superior de Cuentas. Fue también Diputado a la Asamblea Constituyente que dictó la Constitución Política hoy en vigor.

El señor del Valle ha escrito mucho en verso, y en la actualidad está para concluir un poema que tiene comenzado desde hace algunos años.

A LUCILA

I

¿Qué quieres, Lucila hermosa,
Divina luz de mis ojos,
Sirena de labios rojos
Y acento fascinador?
¿Qué quieres, cándida niña,
Dulce encanto de mis horas,
Bella ilusión que coloras
Mis pensamientos de amor?

¿Qué quieres, perla de Oriente,
Flor que embalsamas el aire,
Y que llena de donaire
Te haces del mundo admirar?
¿Qué quieres, tierna paloma,
De rico y terso plumaje,
Que escondida entre el follaje
Entonas dulce cantar?

¿Qué quieres, sol de hermosura,
Que iluminaste un momento
Mi ardoroso pensamiento,
Cual rápida exhalación?
Y en alas de mi esperanza
Me hiciste entrever un cielo,
Bajo el espléndido velo
De engañadora ilusión.

Yo soy un bardo sin gloria,
Desventurado y doliente,
Que busco con ansia ardiente
Para mi sien un laurel;
Que doy al viento mis quejas
En ignorados cantares,
Porque mis hondos pesares
No ablandan tu pecho cruel.

Por eso a tus pies rendido,
Lleno de angustia y quebranto,
Vengo a ofrecerte este canto
Que exhala mi corazón;
Pues no tengo, virgen pura,
Yo, que tan tierno te adoro,
Para ti más que un tesoro,
Y es mi ardiente inspiración.

II

Cuando a esta tierra viniste
Cantó de entusiasmo el poeta,
Y estremecido el planeta,
De amor suspiró por ti;
Alzaron las fuentes todas
Su cadencioso murmullo,
Las aves su blando arrullo,
Absortas al verte aquí.

El mundo estaba sombrío,
Tu patria sin luz vivía;
Mas tú les diste alegría
Con tu divino esplendor.
Hoy eres la reina hermosa
Que impera por sus hechizos,
La virgen de blondos rizos
Por quien me muero de amor.

Dichosa tú que no sientes
Las tempestades del alma,
Que no has perdido la calma
De tu feliz corazón;
Que cruzas el ancho río
De la vida en manso viento,
Y tienes tu pensamiento
De rosas como ilusión.

Dichosa tú que en la aurora
De tu brillante mañana,
Ves candorosa y ufana
Tu gloria inmortal nacer;
Que llevas, nítida y pura,
Sobre tu sien peregrina,
Una aureola divina
Que dice: gracia y poder.

III

Mas yo mi vida entretanto
Pasar veré sin consuelo,
Me ausentaré de este suelo,
Donde soñaba un Edén.
Y si la ausencia no mata
De mi alma el fiero tormento,
Sucumbiré al sentimiento,
Mas te perdono, mi bien.

Allá en extranjera playa
Recordaré, sin enojos,
La luz de tus lindos ojos,
Y olvidaré tu crueldad.
Yo te enviaré con las brisas
Suspiros hasta tu alcoba,
Y cada noche una trova
Que arrullará tu beldad.

Mujeres de rostro mágico,
De forma esbelta, hechicera,
Encontraré dondequiera
En mi camino al cruzar:
Veré ciudades grandiosas,
Y encantadores jardines
Y magníficos festines,
Donde la vida gozar.

Pero mi pecho doliente,
Para el placer ya marchito,
Sólo hallará en lo infinito
Consuelo a su angustia cruel;
Pues dondequiera que vaya,
Grabada irá en mi memoria
De mi amor la triste historia,
Y apuraré amarga hiel.

IV

Y cuando sepas, bien mío,
Que ya mi lira está rota,
Y que de mi alma no brota
Para ti la inspiración;
Tu pecho inhumano ahora,
Donde el fuego de amor no arde,
Quizá lamente, aunque tarde,
Mi borrascosa pasión.

Cuando te cuenten la historia
Del pobre poeta proscrito,
Que errante, triste y maldito
Sucumbe al pensar en ti;
Lucila, tu alma de nieve
Derrame entonces siquiera
Una lágrima sincera,
Que al cielo suba por mí.

Y en estas trovas dolientes
Que dejo en tus patrios lares,
Cual los últimos cantares
Del blando cisne al morir;
Recibe tú, niña ingrata,
De mi lira sollozante
El adiós que en este instante
Te envío triste al partir.

Cedros: junio de 1881.

UN RECUERDO A MARÍA

I

Era de noche cuando vi su rostro
Tan gracioso, modesto y peregrino,
Como del célebre pintor de Urbino
El más perfecto y acabado ideal.
Estaba más radiante y pudoroso
Que el destello primero de la aurora,
Bañado por la luz encantadora
De su dulce mirada celestial.

Un canto preludiaba; y su voz era
Tan fresca, melodiosa y argentina,
Que estar creía en la mansión divina
Escuchando un concierto embriagador.
Entre sus labios de carmín, tan puros,
Sus finos dientes de marfil blanqueaban,
Y el hálito que aquellos exhalaban
Nube formaba del más grato olor.

Cuando movía su garboso talle,
Cuando sus brazos blancos y torneados,
Por la mano de Fidias cincelados
Parecían, al ver su morbidez;
Cuando, de presto, en el recinto corto
De una estancia, aunque pobre, embellecida
Por tanta gracia y rebosante vida,
Por tanta juventud y esplendidez;

Se levantaba llena de donaire,
Y en cadencioso andar, con pie pequeño,
Se deslizaba, como en blando sueño,
El ángel del amor se ve flotar;
Con vista embebecida la seguía,
Sintiendo en mi alma circular intensa
La ardiente llama de pasión inmensa,
Como el oleaje de encrespado mar.

Y comprimiendo lánguidos suspiros
En mi doliente pecho enamorado,
Bajo aquel bello techo inmaculado
Que guardaba un querube seductor,
Pasaba yo las horas dulcemente,
Fascinado ante el brillo de sus ojos,
Temeroso de atraerme sus enojos
Si le anunciaba mi ferviente amor.

Un profundo respeto me inspiraba
Aquel semblante de atractivos lleno,
Que revelaba un corazón sereno,
Pudoroso, sincero y virginal.
Temblaba ante la idea abrumadora
De que mi amor, tan inocente y tierno,
Como el que puro ofrecen al Eterno
Las vírgenes del reino celestial;

Quizá rechazaría indiferente,
Sin tener compasión de mis angustias,
Viendo correr por mis mejillas mustias
Lágrimas de temor y de aflicción.
¡Misterio del amor, incomprensible!
Hasta entonces amaba el alma mía,
Y, no obstante, ya triste presentía
La desgracia de su íntima pasión.

Tres veces suspendida de mis labios
Mantuve mi palabra en ruda lucha;
Mas animado al fin le dije: ¡Escucha,
Gallardo serafín, mi humilde voz!
Yo te declaro que te adora mi alma,
Que sólo vivo para ti en el mundo,
Que si recibes este amor profundo
Seré tu esclavo y tú serás mi Dios.

Tú de mi vida harás un paraíso,
Lleno de amor, de luz y de poesía;
Disipará tu boca cuando ría
En mi frente las sombras del dolor.
Yo para ti levantaré en mi pecho
Un trono donde reines solamente,
Y cuando sufras, posarás tu frente
En el regazo de mi tierno amor.

Ella, modesta siempre y candorosa,
Me contestó con dolorido acento:
"Aleja de mi ser tu pensamiento,
Y aléjate de mí: no puedo amar.
No vuelvas nunca a mi mansión, te ruego,
Cierra tus labios para mí, y olvida
A esta mujer que en solitaria vida
Debe siempre en el mundo vegetar".

Un abismo insondable nos separa,
Abismo para mí sólo visible;
Yo soy para tu amor un imposible,
No puedo decir más. ¡Por siempre adiós!
Al escuchar tan inclemente fallo,
Mis sienes palpitaron con violencia;
Creí que iba a concluirse mi existencia,
En mi garganta se extinguió la voz.

III

La noche silenciosa y apacible
Lentamente avanzaba de hora en hora,
Y apenas de una música sonora
Leve ruido dejábase escuchar;
El viento blandamente susurraba,
Quizá de alguna flor enamorado,
Y alegre, juguetón y afortunado,
Su aromático seno iba a besar.

Al fin, de aquel albergue delicioso
Salí a buscar consuelo a mi quebranto;
Las sombras de la noche, con su manto,
Apenas me dejaban entrever
Las nubes que a montones se apiñaban,
En formas caprichosas en el cielo,
Y una lluvia levísima hasta el suelo
Sentía suavemente descender.

Indeciso un momento entre la niebla,
Menos sombría que mi cruel destino,
Al separarme de aquel ser divino
Que hondamente mi pecho conmovió,
Me quedé; pero luego prosiguiendo
Mi camino, más triste y abatido
Que el infeliz proscrito que ha perdido
La patria idolatrada en que nació.

IV

Desperté, al fin, de mi profundo sueño,
Y al despertar huyeron ligeras,
Las rientes ilusiones lisonjeras
Que habían mitigado mi dolor.
La claridad de la naciente aurora,
Que penetraba en mi recinto oscuro,
De la mirada de aquel ángel puro
Me recordaba el vívido fulgor.

Me levanté meditabundo y triste,
Del áureo sol a contemplar la lumbre;
Pero en mi alma la acerba pesadumbre
Bullía como lava en un volcán.
Como un anciano mísero que llora
Las gratas ilusiones que se fueron,
Y los años que rápidos vinieron,
Y los años que rápidos se van.

VII

¡Oh, virginal y púdica María!
Cuánto tiemblo al grabar tu hermoso nombre
En estas trovas que el amor de un hombre
Te han de contar, en su doliente afán.
Tu nombre, que resbala en mis oídos
Con dulcísima y grata melodía,
Que lo escucho al rayar la luz del día
Y después de los rayos que se van.

Tu nombre, que es el símbolo expresivo
De la noble virtud y alta belleza
Que ostenta virginal naturaleza,
Con esplendentes galas por doquier.
Tu nombre, que será mi dulce canto,
Que inspirará mi pobre fantasía
Y que he de repetir en mi agonía,
Al exhalar mi aliento postrimer.

Cedros: febrero de 1879.

A UN PAJARITO

Pajarillo afortunado[1],
¿Qué buscas, di, qué deseas,
Que alegre revoloteas
Junto a mi humilde mansión?
¿Vienes del bosque vecino,
Donde dejaste a tu amada,
A visitar mi morada,
Pajarillo juguetón?

Volando de rama en rama,
Con gentileza y donaire,
Cual atraviesas el aire,
Te he visto acercarte a mí.
¡Con qué ligereza mueves
Tus verdes alas tan chicas,
Y el fruto maduro picas
Del árbol que crece aquí!

Muchas veces he escuchado
Tu canto tierno y sencillo,
¡Oh, cándido pajarillo!
Envidiando tu existir.
Tú eres más feliz que el hombre,
Que vive sobre la tierra,
Haciéndose eterna guerra
Y odiándose hasta morir.

Eres libre en el espacio,
En el bosque y en la selva,
Sin que tirano se vuelva
Ninguno contigo allí;
Pues no tienes quien te oprima

---

[1] Esta composición la escribió cuando se encontraba escondido a inmediaciones de Tegucigalpa, perseguido por la odiosa tiranía de entonces, y cuando los patriotas liberales se batían en El Corpus con un valor digno de los tiempos épicos.

Con duras y fieras leyes,
No tienes déspotas reyes,
Ni verdugos para ti.

Si del bosque en la espesura,
De blando musgo tejido,
Formas tu precioso nido,
Cantando idilios de amor;
Nadie interrumpe tu calma,
Ni te obliga a ser esclavo,
Ni con ceño adusto y bravo
Te infunde fiero terror.

De corrupción y miseria
Está el orbe casi lleno;
Podredumbre, lodo y cieno
Infectan la humanidad.
El error y la mentira,
La negra envidia y el dolo,
Ocupan el puesto solo
Del bien y de la verdad.

Los hombres se han extraviado
Por tortuosa, oscura senda,
Y ya no hay quien los comprenda,
Un caos el mundo es ya.
Al vicio virtud le llaman,
Y a la virtud llaman vicio,
Demente al que tiene juicio,
Y loco al que cuerdo está.

Se burlan de la justicia,
Del honor y el patriotismo,
Y con bajeza y cinismo
Doblan su frente servil.
No oyen la voz de la patria
Que por su culpa agoniza,
Pues con sardónica risa
La hieren tiranos mil.

Hipócritas y rastreros,
Venden su honor, su decoro,
Por unas monedas de oro
Que les tiran a sus pies.
Y los pocos que levantan
La frente altiva y serena,
Mueren de angustia y de pena
O en un cadalso tal vez.

Huyendo del despotismo,
En esta rústica choza,
Mi corazón se destroza
De amargura y de dolor;
Pues allá lejos combate
Por ver sus cadenas rotas,
Un puñado de patriotas,
Con espartano valor.

Y yo no puedo, ¡infeliz!
¡Que así mi suerte lo quiere!
Mirar al héroe que muere
Y a su lado combatir;
Dar sepultura a sus huesos,
O morir con mis hermanos,
Maldiciendo a los tiranos,
Que es muy glorioso morir.

Ven, pues, pajarillo, ven,
A consolar mi quebranto,
Y con tu armónico canto
Calma mi horrible inquietud.
Aquí los dos cantaremos,
Pues al oír tu armonía
Se inspirará el alma mía
Y templaré mi laúd.

Yo exhalaré de mi pecho
Notas de suaves congojas,
Como el ruido de esas hojas

Que mece el aura al pasar;
Y tú, como el eco grato
De la fuente que murmura,
Modularás con dulzura
Tu voz en blando trinar.

Tú cantarás tus amores,
Tu libertad y fortuna,
A la luz de la alba luna,
Cual sentido trovador;
Y yo, mi acerbo destino,
Sin dicha, placer ni calma,
La honda tristeza de mi alma,
Las sombras de mi dolor.

¿Volverás mañana a verme
Cuando el alba esplendorosa
Asome su faz de rosa,
Con purpúrea claridad?
¡Oh! sí, vendrás, no lo dudo,
A ser de mi afán testigo:
¡Que tú eres mi único amigo
En tan triste soledad!

Septiembre de 1892

CARLOS F. GUTIÉRREZ

Nació en Tegucigalpa en 1861.

Era hijo del General don Enrique Gutiérrez y de doña Raquel Lardizábal de Gutiérrez.

Sus composiciones se publicaron en los periódicos de Tegucigalpa y han sido reproducidas por varios de Centroamérica y del exterior.

El señor Gutiérrez publicó en 1898 una colección de sus poesías con el título de "Piedras Falsas" y una novela del género naturalista, intitulada "Angelina".

Falleció el 10 de julio de 1899, a las 11:30 de la noche, a consecuencia de un violento ataque cerebral.

En sus funerales se le hicieron los honores de ordenanza correspondientes al grado de Teniente Coronel, que había alcanzado en el Ejército.

Sus restos fueron llevados al cementerio en medio de numerosa concurrencia de todas las clases sociales, que daban así testimonio de su sentimiento por su muerte.

LEJOS DE TI

A Elisa

Ángel mío, si en la noche,
Cuando a sueño te entregaras,
Un suspiro le arrancaras
A tu pecho para mí;
Y la brisa, entre sus alas,
A mi pecho lo trajera,
¡Cuántos, dime, no le diera
Para llevarlos a ti!

Si al oír por la mañana
Que en su nido alegre trina
La amorosa golondrina,
Te acordaras tú de mí;
¡Cuántos bellos pensamientos
En mi mente acariciara,
Y en sus alas los mandara
Todos, todos para ti!

Si a las auras les contaras
Tus dolores, tus querellas,
Y supiera yo por ellas
Que te acordabas de mí;
Yo también les contaría
Que hace tiempo que te adoro,
Que si lloras también lloro,
Que tan solo pienso en ti...!

Si a la tórtola que gime
Le confiaras tus dolores
Y con tímidos rumores
Me los dijera ella a mí;
¡Cuántas cosas le contara
Para que a ti te dijera;
Cuántos besos yo le diera

Que te llevara ella a ti!

Y contándoles tú siempre
A los pájaros y flores
Tus placeres, tus dolores,
Para saberlos yo así;
Podemos vivir sin vernos...
Entrega siempre a la brisa
Tus suspiros, tu sonrisa,
Para que lleguen a mí!

1880

A JULIA

I

Era una noche de apacible calma;
Las estrellas temblaban en el cielo
Y tu mirada en mi alma...
Marchabas pensativa,
Apoyada en mi brazo suavemente,
Entretanto que el aura fugitiva
Jugaba con los rizos de tu frente;
En éxtasis de amor y de ternura,
Muriendo de placer te contemplaba;
Y en tu pupila oscura,
Cual náufrago que busca allá en el cielo
Señales de consuelo,
Un rayo de esperanza yo buscaba;
Y extrañas a mi pena, siempre bellas,
En el cielo temblaban las estrellas,
Con tus rizos el aura jugueteaba.

II

Balbucientes dijéronte mis labios,
Cansados de callar, lo que sentía.
Si por ventura te causara agravios,
¡Perdóname, alma mía!
¿Es acaso culpable el arroyuelo
Porque en sus linfas se refleje el cielo?

III

Aquella noche de apacible calma
Jamás se borrará de mi memoria;
Cual lápida mortuoria
Ocultará las ilusiones todas
Que con su aroma perfumaron mi alma;
Te amaba con delirio; y tú dudaste
De mi cariño santo;
Al corazón sus alas le arrancaste;
Y crueles entretanto,
Extraños a mi eterno desconsuelo,
El ruiseñor cantaba,
Con tus rizos el aura jugueteaba
Y los astros brillaban en el cielo.

EN EL ÁLBUM DE JULIA

I

Azucena que fenece
Al soplo del cierzo frío,
Nube que se desvanece
Cual la espuma que se mece
Sobre las aguas del río.

II

Meteoro que en blanca llama
Se extingue en la inmensidad,

Rocío de la mañana:
Tal fue mi esperanza vana,
Tal fue mi felicidad.

III

Como el espacio infinita,
Y aguda como el pesar,
Es la pena que me agita,
Y que en el alma palpita
Como el oleaje del mar.

IV

La esperanza, el sufrimiento
Arranca del alma mía,
Como al árbol corpulento
Furioso le roba el viento
Su salvaje lozanía.

V

Mi dicha fue pasajera:
Cual golondrina ligera
Presto su nido dejó;
Como el perfume pasó
De la dulce primavera.

VI

Por eso sé cuán horrible
Es perder la dulce calma,
Y sentir allá en el alma
Mucha tristeza y dolor,
Al recordar los instantes
De ventura, que pasaron,
Y que con ellos volaron
Nuestros ensueños de amor.

VII

Y sé cuánto se padece,
Cuánto en silencio se llora,

Y cómo al alma devora
La llama del padecer.
Y sé también cuán felices
Corren las horas dichosas
Si se van cortando rosas
Por la senda del placer.

VIII

Por eso, Julia, yo tiemblo
Al pensar que en tu camino
Puede sembrar el destino
Una zarza para ti;
Profundas son sus heridas,
Matan la dicha y la calma:
¡Abiertas tengo en el alma
Las que me hicieron a mí!

IX

Con santo afán pido al cielo
Que si han de velar un día
Tus ojos, amiga mía,
Las lágrimas del pesar,
Me dé a mí tus sufrimientos,
Y a ti cuanto bello existe:
Tú para sonreír naciste,
Yo nací para llorar.

RECUERDOS

I

¡Sueño parece! Mi gentil doncella,
Envuelta en tenue y vaporoso velo,
Salió a su reja, temblorosa y bella,
Como aparece diamantina estrella
En la azulada inmensidad del cielo.

II

Indecisa volaba por Oriente
Con sus alas magníficas la aurora,
Perfumaban las flores el ambiente,
Y reflejos de nácar levemente
Matizaban su frente soñadora.

III

En sueltos rizos, descuidada, airosa,
Descendía su negra cabellera;
Y de sus labios húmedos, de rosa,
Se escapaba en corriente misteriosa
Un perfume sutil de primavera.

IV

Volaron los momentos, vino el día,
Sentí gemir el corazón opreso,
Me dio su mano temblorosa y fría,
Y en el lazo dulcísimo de un beso,
Unióse su alma con el alma mía.

1883

GLORIA

Sobre su lecho de arenas
Un río corriendo leve,
Llevando espumas de nieve
Y tronchadas azucenas;

Un zorzal en la ribera
Tiernas endechas cantando,
Y sobre el tallo, temblando,
Las flores de la pradera;

A lo lejos verde loma,
Do se aúnen blandamente
El murmullo de la fuente
Y el canto de la paloma;

Y unas linfas temblorosas,
Frescas, dormidas y suaves,
Donde se bañen las aves
Y jueguen las mariposas;

Y allá una gruta lejana
A donde lleguen perdidos
Los acentos desprendidos
De la vecina campana;

De juncos, ramas y flores
Una choza encantadora,
Do penetren de la aurora
Los nacarados albores;

Donde se escuche la extraña
Pero sublime armonía
Con que saludan al día
Los genios de la montaña;

Y tú allí con tu mirada,
Con tu mirada de cielo,

Vertiendo dulce consuelo
En el alma enamorada;

Vagar por el bosque umbrío
En las mañanas amenas,
Y escribir en las arenas
De las orillas del río;

Y ver en noche callada
Cómo brillan las estrellas,
Y a las luciérnagas bellas
Relucir en la enramada;

Y en lánguidos embelesos,
Y en amorosos delirios,
Llenar tu frente de lirios
Y tus mejillas de besos;

Perdidos en denso velo
El porvenir, la memoria:
¡Esta es, mi vida, la gloria;
Este es, vida mía, el cielo!

1881

A J. J. PALMA

Encuentro en tus versos suaves
Tanta cadencia y dulzura,
Como lánguida ternura
En el gorjear de las aves.

Tus canciones
Son gratas modulaciones
En que dice tu alma bella,
Que sólo guardas en ella
Afecto y sinceridad,
Que no anida allí el rencor;
Pero que sí hay amor
Y verdadera amistad.

Cuando tus rimas yo leo
Se regenera mi alma;
Y que hay algo, entonces, Palma,
De lo que tú cantas, creo.

Tu poesía
Mata la melancolía
Y disipa la tristeza;
Se asemeja en su belleza
Al primer rayo de luz
Que viene a destruir las nieblas,
Rasgando de las tinieblas
El densísimo capuz.

Imitar, versando, sabes
Con tu meliflua poesía,
De las aves la alegría,
La tristeza de las aves.

Tú no ignoras
Lo que auras sollozadoras
Dicen a tímidas flores;
Tú comprendes los rumores

Del arroyo bullidor;
Tú haces aparecer
Las sonrisas del placer,
Las lágrimas del dolor.

Tienes, Palma, aún más ternura
En tu alma de poeta,
Que perfume la violeta
Y que la nieve blancura.

Inspirados
Van tus versos impregnados
De un sentimiento tan tierno,
Bien así como en invierno
La brisa rodando va,
Impregnada del aroma
Que en toda corola toma,
Que todo cáliz le da.

Si expresar fácil me fuera
Todo lo que siente mi alma,
Entonces oirías, Palma,
Cuántas cosas te dijera!

Tus canciones
Despiertan en mí emociones
Dulces, a la vez que intensas;
De tus poesías a expensas
Se nutre mi corazón,
Porque si las leo, siento
Nueva vida, nuevo aliento,
Raudales de inspiración.

1881

TRAGUÉ EL ANZUELO

No hay burlas con el amor.
— Calderón.

Apenas lo puedo creer,
Por fin me llevó el demonio;
Estoy que ni San Antonio
Me puede ya socorrer.

Sin ninguna precaución
Me puse a jugar con fuego,
Y en tan peligroso juego
He perdido el corazón.

Juega ella mejor que yo;
Y el desquite busco en vano:
Cuando creo que le gano,
Resulta que me ganó.

No encuentro la salvación
En tan apurado paso;
¿Me casaré?... ¿No me caso?
Es muy seria la cuestión.

Mas ella se ha de casar;
Y si a otro por novio toma...
¡Pues no fuera mala broma
La que me había de dar!

Pero no, ¡por Satanás!
No me rindo todavía:
Lucharé con bizarría
Hasta que no pueda más.

Pero nunca saldré bien,
Es la lucha desigual:
Si me caso me va mal,
Y si no lo hago, también.

¿Qué debo hacer? No lo sé,
Olvidarla yo no puedo;
De casarme tengo miedo;
¿Qué haré, Dios mío, qué haré?

La quiero mucho, en verdad;
De amor por ella me muero;
Pero yo también me quiero
Y adoro mi libertad.

Estoy montado en un potro:
¡Es desgraciada mi estrella!
Si no me caso con ella,
Ella se casa con otro.

Para evitar tal fracaso
Un camino hay, nada más:
¡Que me lleve Barrabás,
Pero me caso, me caso!

Así mi fortuna pruebo;
Si soy feliz, lo acerté;
Y si no lo soy, diré:
"¡Aquí pago las que debo!".

EN UNA FIESTA

A Doña Celestina de Soto

A orillas del Guacerique
Tegucigalpa se hallaba,
Cual virgen que desmayaba
A impulsos de su dolor;
Los pájaros no cantaban,
La estrella no relucía
Y siempre lejos se oía
Melancólico un rumor.

Mas un día, por Oriente,
El sol se levanta ufano,
Y el río, como el océano,
Sus vallas quiere romper;
Tornan al canto las aves,
Rompen sus broches las flores
Y sus variados colores
Se comienzan a entrever.

Perdida en el horizonte,
En medio de sutil bruma,
Bañada por blanca espuma,
Se ve una nave cruzar;
La vela le riza el viento,
El humo hacia el cielo sube
Y forma rasgada nube
Color de cielo y de mar.

Graciosa a la par que altiva,
Su proa hacia Honduras tiende,
Ligeras las ondas hiende
De esmeralda y de zafir;
También la blanca gaviota,
Que se remonta hasta el cielo,
Se ve con pausado vuelo
La nave, tenaz, seguir.

Al puerto llega, y con ella,
De Honduras la paz perdida;
Al par que nos daba vida,
Nos traía un protector.
Desde entonces, de pueblo en pueblo,
Hasta el lugar más ignoto,
Se escucha el nombre de Soto
Pronunciado con amor.

Él daba la paz a un pueblo,
Pero al fin su patria fuera;
Mas vuestra, señora, no era
Para darle animación...
Pero al llegar a este suelo
Prestasteis al ave canto,
A las mujeres encanto
Y al bardo la inspiración.

Hicisteis que la alegría
En los salones reinara
Y que tiernos levantara
Sus cantos el trovador:
Porque hay en vuestra ternura
Inspiración tan completa,
Que se agiganta del poeta
El genio ideal y creador.

Por eso es que doy al viento
Mis melancólicas notas,
Que, aunque perdidas e ignotas,
Pedazos del alma son.
Oíd en ellas, señora,
El voto de un pueblo entero,
Voto leal y sincero,
De afecto y de abnegación.

POR TI

Tú eres la sola flor inmaculada
En este, de la vida, erial desierto:
Y la sola pureza no manchada,
Y la sola torcaz nunca arrullada,
Viuda por un amor oculto y muerto.

Tú, la sola mujer que yo he encontrado
Siempre casta, inocente, bella y pura;
Y la sola también a quien he amado
Y que nunca, tal vez, ha vislumbrado
El dulce fulgurar de mi ternura.

Tú, la sola beldad cuya mirada,
Rasgando de mi pena el denso velo,
Llega a mi alma y prende una alborada;
Calla la tempestad que ruge airada
Y deja azul tranquilidad de cielo.

Jamás lo dije: aunque ocultando enojos
Nunca te dio mi atrevimiento agravios:
¿Me entendiste? ¡No sé! Mas tus sonrojos
Me prueban que tú vistes en mis ojos
Lo que callaron con afán mis labios.

Después... Como le pasa al ave errante
Que muere en las espumas de los mares,
Así me sucedió: vi tan distante
El cielo de tu amor, que agonizante
Me sepulté en el mar de mis pesares.

Pero escucha, mi bien, cuando abatía
Para morir mi fatigado vuelo,
Entre las dos inmensidades veía
Que tu adorada boca me sonreía
Y me besaba tu mirar de cielo.

¡Han pasado los años! Siempre bella
Te contemplo, como antes, vida mía!
Y el resplandor que tu mirar destella,
Como fulgores de apacible estrella,
Alumbra ya mi próxima agonía.

Muy pronto he de morir; pero antes quiero
Que sepas que fue tuya mi alma entera,
Que fue santo mi amor, como el primero,
Y tu nombre, mi bien, será el postrero
Que pronuncie mi labio cuando muera.

Diciembre 31 de 1896.

A UN ÁRBOL

Árbol que sombra nos diste
Con tu follaje esplendente,
Rayo de sol que su frente
Acariciaste ayer,
Florcilla que entre la grama
Doblegó su débil planta,
Decid, por Dios, ¿no os espanta
Tan solo volverme a ver?

Tú, árbol, tienes tus nidos,
En tus nidos ruiseñores;
Vosotras, tempranas flores,
Dulce aroma que exhalar;
Tú, sol, el hirviente oleaje
De esa veloz catarata,
Donde tu luz se retrata
Como inmenso luminar.

Y yo, que de amor un mundo
En el alma atesoraba,
Que tan solo respiraba
Ventura, dicha y placer,
De nuevo a tu sombra vengo,
Con el corazón herido,
A contarte, árbol querido,
La crueldad de una mujer.

¿Te acuerdas de aquellos rizos
Que perfumaron tu ambiente,
De aquella tranquila fuente
Que se levantó hacia ti?
De aquellos ojos tan bellos,
De aquella boca tan pura,
De aquel ángel de ternura
Que te traje un día aquí?

Pues bien, ese ángel fue mío,
Su felicidad mi anhelo;
Fueron sus ojos el cielo
Que alimentaron mi fe;
Mas un día desgraciado,
Origen de mi amargura,
Lo envolvió una nube oscura
Y no sé a dónde se fue.

Y pues tú fuiste testigo
De su amor y mi embeleso,
Y tal vez hasta de un beso
Que le robara mi amor,
Sé también testigo ahora,
Pues que descanso a tu sombra,
Sin aversión ni rencor.

Y te juro que si un día
En mi camino te hallara,
Y a las puertas se acercara
De este triste corazón,
Encontraría la ingrata,
Para castigar su olvido,
Entre mis brazos su nido
Y en mis labios el perdón.

¿POR QUÉ?

Cae la nieve en la elevada cumbre
Del enhiesto volcán;
Y al hirviente calor de sus entrañas
Se torna en agua que a la mar se va.

¡Dime, niña, por qué este infierno mío
Que encendió tu mirar,
Este volcán que tengo aquí en el alma,
No derrite la nieve en mis cabellos
Y aumentándola está?

RIMA

Hay en tus ojos un abismo negro,
Donde mi alma cayó cuando te vi;
Mas si tu alma es el fondo de ese abismo,
¡Quiero rodar hasta llegar al fin!

Hay en tus labios un infierno rojo,
Cuyo fuego escondido no se ve;
Mas si el beso es la llama de ese infierno,
No importa que me abrase, ¡quiero arder!

Hay en tu ser veneno que aniquila,
Que mata al que por ti respira amor;
Mas si el lecho de muerte son tus brazos,
¿Qué no daría por morirme yo?

ADÁN CUEVAS

Nació en Santa Rosa de Copán en 1852.

Era hijo de don Lucas Cuevas y de doña Ramona Rodríguez de Cuevas.

Habiéndole concedido el Gobierno de Guatemala una beca en uno de los colegios que en la capital dirigían los jesuitas, recibió allí la enseñanza superior hasta obtener el título de Bachiller.

Triunfante la revolución de 1871, el General Justo Rufino Barrios, Presidente de Guatemala, expulsó del país a los jesuitas. Entonces, Cuevas se dirigió a la República de El Salvador, en donde se dedicó a los estudios para la abogacía, que no tardó en abandonar.

Cuando volvió a Santa Rosa, se había fundado allí el Instituto de San Carlos. Cuevas sirvió en él como profesor durante dos años.

Después volvió a El Salvador, y de allí se dirigió a Tegucigalpa, donde se dio a conocer como poeta, publicando en La Paz, con el seudónimo de Adelfo, varias composiciones que el inspirado vate José Joaquín Palma acogió con agrado.

Posteriormente, pasó a la República de Nicaragua, fijando su residencia en Limay, jurisdicción de Nueva Segovia; y en el año de 1895, presintiendo acaso que el fin de sus días se aproximaba y queriendo morir en su ciudad nativa, volvió a ella, habiendo muerto allí pocos meses después de su regreso.

MIS HORAS DEL DOLOR

Tristes horas de mísera agonía
Yo sufro silencioso. El desconsuelo
Bate sus alas sobre el alma mía,
Mi frente haciendo que se incline al suelo.

Sin porvenir, sin ilusión ni gloria,
Mi existencia sombría
La luz detesta que ilumina el mundo;
Y en mi dolor insano,
Fatídico y profundo,
No encuentro amigo ni tampoco hermano.

Mi destrozado pecho,
En el pesar tornándose iracundo,
Maldice la sonrisa
Del ángel bello que otro tiempo amaba.
Ni la frescura de apacible brisa,
Ni los encantos de la hermosa luna,
Que antes ansioso con placer buscaba
Y mis afanes y ansiedad calmaba,
Brindarme pueden esperanza alguna.

Y sin placer ni fúlgida esperanza,
¿Qué es la vida? Es un páramo desierto
Donde hay dolor sin calma ni bonanza,
Donde sus pasos guía el hombre incierto,
Hallando sólo incógnitos pesares,
Donde apenas alcanza
A soportar las horas de quebranto,
Y donde eternamente,
Con lastimoso llanto,
Tras el reposo corre vanamente.

Sin placer, sin ventura,
¿Qué es la existencia que cuidamos tanto?
Inmenso cementerio
Que al triste olvido y al dolor convida,

Donde en medio de las tumbas del misterio
Un funeral lamento se percibe.
Sin esperanza ni ilusión querida,
En cambio de los goces de la vida,
Tristeza el alma y lágrimas recibe.

Ella por eso de pesar se llena
En esos días de fatal delirio,
Maldice airada en su profunda pena
Las crueles horas de tenaz martirio.
Odia por eso la belleza pura
Del lirio y la azucena,
Que dan fragancias al risueño prado,
Y de tierna inocencia
El encanto preciado
También aumenta la mortal dolencia.

¡Cuán amargos tormentos
Devoran, ¡ay!, mi lánguida existencia!
No acaricia mis ojos
Con suave mano el reparante sueño,
Para olvidar mis túrbidos enojos
Siquiera al menos en la noche umbría.

Y ésta es la vida de dorado sueño
Que brinda al hombre porvenir risueño
En brazos del placer y la alegría.
Si ésta es la vida, yo vivir no quiero,
No contemplar el misterioso encanto.
Quiero mejor, sin derramar mi llanto,
Bajar sonriendo a la mansión de olvido,
Y un adiós postrimero
Dar al placer y a la ilusión mentida.

Que más dichosos seres
Los goces de la vida
Disfruten siempre y célicos placeres.
Que plácida sonrisa
Vague en sus labios, sin afán, sin penas,

Mientras disfruta mi alma
En el silencio de la tumba fría,
Con paz eterna, de reposo y calma.

Que otros contemplen la azulada esfera,
Donde los mundos infinitos ruedan,
Mientras los sauces que al sepulcro quedan
Coronan, ¡ay!, mi lúgubre carrera.

JAMÁS TE OLVIDARÉ

¿Olvidarte? ¡Oh, locura, es imposible!
Mi pecho siempre con delirio te ama,
Sin extinguirse la ardorosa llama
Que en otro tiempo le encendió tu amor.

Siempre bella, tu imagen adorada
Sonríe tierna al corazón amante;
¡Allí tú vives y ni un solo instante
De la mente se borra tu candor...!

Te amo, mi bien, cual aman el rocío
Las tiernas flores al venir la aurora,
Y tú eres la esperanza encantadora,
Y sin tu amor prefiero yo morir.

Tu recuerdo es más grato que la brisa
Que en los campos retoza placentera;
Más suave que el ambiente en la pradera,
Y me brinda un brillante porvenir.

¿Cómo no amarte si tu amor ofrece
Al alma sensaciones deliciosas?
Si a tu lado se pasan muy dichosas
Y dulcísimas horas de placer...

¿Cómo no amarte, idolatrada dueña,
Si eres un ángel de inmortal dulzura,

Si tu sonrisa aleja la amargura
Del alma que ha sabido padecer...?

¡Por eso te amo con delirio tanto!
Por eso yo bendigo tu belleza,
Y mi laúd olvida su tristeza
Para cantar tu gracia angelical.

Solo tu amor sostiene mi existencia,
Solo tu amor alienta mi esperanza,
Y en la tormenta tú eres la bonanza
Y el consuelo a mi llanto sepulcral.

¡Tú eres la estrella que cual faro alumbra
La oscura senda de mi triste vida!
Y en su quebranto el alma adolorida
Disipa, sí, tu angelical candor...

¡Jamás te olvidaré!... ¡Jamás el pecho
Tu imagen borrará, mi bien querido!
Primero el alma su postrer gemido
Antes dará que relegar tu amor.

LA TARDE

¡Mirad de la tarde el rayo esplendente,
cual baña los cielos de eterna beldad!
Las auras esparcen balsámico ambiente
y entonan las aves su canto doliente
al ver que la lumbre del sol va a expirar.

¡Mirad los celajes de nácar y rosa
flotar en los aires con suave fulgor!
¡Y ved a Natura, cual madre amorosa,
de su hija mimada contempla dichosa
los iris divinos del bello arrebol!

Mirad en los campos cual juega la brisa
besando las flores, meciendo el jazmín;
mirad, a lo lejos mortal se divisa
de Febo el semblante que al mar se desliza,
buscando las olas para ir a dormir.

¡Oh, tarde! ¡Tú llenas de inmensa dulzura
mi triste, llorosa, infeliz juventud!
Y alivias benigna la cruel amargura
que sufre doliente con harta premura
mi pecho, perdida la dulce quietud.

Tu lumbre que dora las altas colinas
es bálsamo suave que alivia el dolor;
tus plácidas auras son auras divinas
que siguen tus huellas al ver que caminas
serena al ocaso con giro veloz.

Mil ojos contemplan tu regia belleza,
mil pechos suspiran, tal vez como yo,
mil voces tal vez, al mirar tu grandeza,
celebran tu pompa, y tenaz la tristeza
disipan del alma al mirar tu arrebol.

La tórtola tierna su canto te envía
al ir a su nido, reposo a buscar;
las flores te brindan su grata ambrosía,
y muestra Natura inocente alegría,
tu gracia, tu encanto sublime, al mirar.

Del mar a lo lejos saludan ansiosos
los nautas tu estrella de espléndida luz,
y van su barquilla llevando gozosos,
los campos corriendo de Atlante anchurosos,
rompiendo las brumas del piélago azul.

La noche sombría, al mirar tu belleza,
su fúnebre manto vacila en tender,
y vense los aires surcar con presteza,
su canto olvidando de eterna tristeza,
los cisnes dolientes en bello tropel.

¡Qué bellos colores matizan el cielo!
Celajes divinos flotantes se ven,
tu lumbre reviste de nácar el suelo,
y aspira la virgen con plácido anhelo
la suave fragancia del rojo clavel.

Los seres que habitan los campos verdosos
festivos se miran doquier retozar,
los céfiros besan los lirios hermosos
y van los arroyos corriendo espumosos
en lechos formados de perla y coral.

En tanto tu lumbre ya débil se mira,
ya vese el crepúsculo triste venir;
la Luna en Oriente simpática gira,
la tórtola tierna doliente suspira,
y vense los astros al cielo subir.

Los tiernos suspiros que exhalas muriendo,
¡oh, tarde! me roban la dulce quietud;
ya viene la noche su manto tendiendo,

los montes, los mares azules cubriendo,
y envuelve a Natura en su negro capuz.

¡Oh, tarde! Indeleble tendré tu memoria,
del pecho tu imagen jamás borraré;
y siempre presente tu espléndida gloria,
las páginas tristes tendrán de mi historia,
y siempre tus gracias feliz cantaré.

UN PADRE A SU HIJA DORMIDA

¡Pobre hija mía, Ester idolatrada!
Fruto precioso, tierno y bendecido
de mi primer amor; la suerte airada
siempre a tu padre tiene sumergido
en el dolor profundo, en el tormento.

Tu cándida inocencia,
tu gracia, tu candor y tus encantos,
alivian solamente
la mísera amargura
que sufre siempre el corazón doliente
de tu padre infeliz...

Jamás el oro su fulgor suntuoso
le dio a tu pobre cuna;
no lo conoce tu existencia pura;
pobre naciste, sin riqueza alguna,
hija querida, cual la tierna rosa
que da perfumes al verjel florido,
llegando sólo hasta tu tierno oído
el dulce arrullo de tu madre hermosa.

Cuando dormida te contemplo bella,
hija del alma, serafín semejas:
¡Pareces, hija, luminosa estrella
que de mi pecho la tristura alejas!
El tierno lirio que se mece ufano

en el jardín ameno
no puede competir con tu hermosura,
y la temprana rosa,
con su fragancia pura,
cede a la gracia de tu faz preciosa.

Duerme, duerme, hija mía,
que tu padre te vela en su quebranto,
y al contemplarte siente
placer inmenso, celestial encanto.

Duerme, hija mía, duerme dulcemente,
que si supieras cuán amarga pena
destroza mi alma con crueldad impía,
tal vez entonces yo tu faz vería
al dulce sueño y al reposo ajena...
Cuando sonríes y a tu madre miran
con gracia tus ojuelos primorosos,
¡te sonríen y admiran
tu inocencia los ángeles gozosos!

Por ti tan sólo yo vivir ansío,
y por ti los rigores
soporto, triste, de mi cruel destino.
Por ti la dulce muerte
no busco, y el camino
cruzando sigo que trazó mi suerte.

En el mundo engañoso
no quiero verte sin ningún consuelo,
no quiero que, furioso,
el huracán destroce tu existencia
y vivas como yo en el desconsuelo.

¡Hija querida! ¡Siempre tu inocencia
conserva pura, sin mancilla alguna,
cual la contemplo en tu modesta cuna,
purpúrea flor de delicada esencia!

Si alguna vez a los placeres, hija,
este perverso mundo te convida,
ten cada instante en la memoria fija
mi desgraciada y azarosa vida...

Recuerda siempre de dolor mis horas,
recuerda con tristura
las lágrimas amargas que he vertido,
¡lágrimas que destrozan
mi pecho dolorido!

Los placeres del mundo que se gozan,
hija mía, se tornan en veneno
que el corazón devora;
por eso vivo ajeno
a la felicidad consoladora,
sin encontrar remedio a mi tormento.

Por eso quiero que conserves pura
por siempre tu inocencia encantadora,
¡que placeres y goces atesora
la sencilla virtud con su dulzura!

LUCILA E. DE PÉREZ

Nació en Gracias, capital del departamento del mismo nombre, en 1856.

Es hija de don Simón Estrada y de doña Elena Marín de Estrada.

El señor Estrada, que había sabido distinguirse por su laboriosidad y por su inmaculada conducta en el ejercicio del cargo de Intendente de Hacienda de aquel departamento, falleció poco después del nacimiento de su hija, y ésta entonces fue llevada por su familia a la República de El Salvador, en donde creció y se educó, y en donde también se manifestó su vocación por las bellas letras.

En 1878, y con motivo de la muerte de su tío, el Coronel don Ezequiel Marín, quien había hecho con ella las veces de padre, regresó a su ciudad nativa y allí contrajo matrimonio algunos meses después con el honorable caballero don Tito Pérez.

Es la señora Estrada de Pérez, modesta, afable, espiritual, y de elevados y puros sentimientos.

A MI AMIGA CONCEPCIÓN LOUCEL EN SUS DÍAS

Yo quisiera poseer, amiga mía,
Del poeta la sublime inspiración,
Para cantar gozoso en este día,
Que es tu natal, amable Concepción.

Yo quisiera de flores olorosas
Una bella guirnalda colocar
Sobre tu frente pura, donde hermosas
Las virtudes se miran reflejar.

Y que esas flores, frescas, perfumadas,
Con que adornara tu virgínea sien,
Fueran las gayas flores cultivadas
En los jardines del perdido Edén.

Y en placeres y fiestas deliciosas,
Que tú fueras objeto de ovaciones;
Y en notas musicales, armoniosas,
Que vivieras oyendo dulces sones.

Pero el destino me negó estos dones,
Y en vez de un canto dulce, apasionado,
Oirás, tan solo, tristes vibraciones
De mi laúd, discorde y destemplado.

Mas te consagro la expresión sincera
De mi amistad, sencilla y afectuosa;
Acéptala benigna y placentera,
Y Dios te hará feliz, te hará dichosa.

Nunca la suerte con impía saña
Vaya a secar de tu ilusión las flores,
De esa ilusión que en nuestra edad temprana
Se nos muestra con fúlgidos colores.

Que yo al Eterno mi ferviente ruego

Al cielo, a cada instante, haré subir,
Para alcanzarte paz, dicha y sosiego,
Que así no sentirás lo que es sufrir.

San Salvador: 8 de diciembre de 1878.

MI DESTINO ES SUFRIR

Por qué aun en medio del placer yo siento
Profunda pena y amargura tanta?
Cuando todo sonríe, todo encanta
Mi triste corazón sufre un tormento.

Tal vez sonrío aparentando calma,
Cuando el dolor me hiere y me devora;
Y es que oculta mi risa engañadora
El infinito padecer de mi alma.

Como la débil flor que combatida
Por el fiero aquilón dobla su tallo,
Así el pesar agostará mi vida,
Y cumpliráse de mi suerte el fallo.

Cuando al impulso del dolor sucumba
Y a las altas regiones mi alma llegue,
No habrá una amiga que con llanto riegue
La humilde losa de mi helada tumba.

San Salvador: 31 de octubre de 1878.

A LA CIENCIA
Composición dedicada a los jóvenes redactores de "El Estudiante"

Como vienen del sol los rayos bellos
Las sombras de la noche a disipar,
Y enviándonos sus fúlgidos destellos,
La hermosa luz doquiera hacen brillar;

Y despertando del dormir profundo
En que yacía el hombre indiferente,
Sonríe al ver iluminado el mundo,
Y al Eterno da gracias reverente;

Así la ciencia, emanación divina,
Del mismo Dios destello misterioso,
Vivifica la mente y la ilumina,
Y le presenta un porvenir glorioso.

Así como esos rayos de luz pura
Que el sol brillante por doquier derrama,
Y a las tinieblas dela noche oscura
Les sucede la espléndida mañana;

Así el alma del hombre, adormecida
Por el sueño fatal de la ignorancia,
A su influjo despierta, y otra vida
Él entrevé, de gloria y venturanza.

Y sintiendo que bulle en su conciencia
Ese noble deseo de la gloria,
Se lanza en el terreno de la ciencia
Y hace imperecedera su memoria.

San Salvador: 1879.

A MI QUERIDA HIJA AMADA

Como un meteoro, ángel mío,
Por este mundo cruzaste,
Y al Empíreo te lanzaste,
Dejando en mi alma el vacío.

Los querubes, hija amada,
A su lado te llamaron,
Y en triunfo te presentaron
A la Virgen adorada.

Quizá el Eterno, hija mía,
En su infinita clemencia,
Quiso librar tu inocencia
De toda culpa y mancilla.

Por eso, hija de mi amor,
Ya que a tu madre dejaste
Y a la morada volaste
Donde todo es esplendor,

Pide a la Virgen consuelo
Para su alma dolorida,
Pues es muy triste su vida
Desde que estás en el cielo.

Gracias: 13 de septiembre de 1888.

AL BACHILLER DON PEDRO FLORES

De los poetas yo deseaba
Pulsar el arpa divina,
Que armoniosa y peregrina
En mis oídos vibraba.

De la inspiración sentía
Arder el fuego en mi alma,
Y hasta conquistar la palma
Soñaba mi fantasía.

Por eso, triste, mi acento
En Cuscatlán exhalaba,
Y mi mente se extasiaba
Con la voz del sentimiento.

Desde niña tributaba
Tierno culto a la poesía,
Con su amor el alma mía
Enteramente llenaba.

Me embriagaban los cantares
Que inspiran al trovador,
Ya el placer o ya el dolor,
Las flores o los palmares.

De la fuente los rumores,
De los pájaros los trinos,
Los celajes vespertinos
O del sol los resplandores;

Y en mi deseo anhelante
De imitar su dulce acento,
Lancé mis notas al viento
Entusiasta y delirante.

Mas no he nacido poetisa,
Sólo soy admiradora
De la diosa arrobadora
Que todo lo diviniza.

Por eso en tiernas canciones
De admiración y de amor,
No he dirigido al Creador
Mis humildes oraciones.

Ni de mi patria he cantado
La belleza de su suelo,
La limpidez de su cielo
Ni su horizonte rosado:

Coyocutena, que un día
Presenció las desventuras
De Lempira, en quien Honduras
Valiente adalid tenía.

Celaque, de quien es fama
Oculta inmensa riqueza,
De cuya augusta belleza
Mi patria se muestra ufana.

A mi alma han enardecido
Con su presencia orgullosa;
Su tradición portentosa
Mi admiración ha atraído.

Y si mi numen tuviera
La sublime inspiración,
Como una humilde ovación
Yo mis cantigas les diera.

Dices que mis compatriotas
Oír desean mis cantos;
Donde hay ruiseñores tantos,
¿Cómo sonarán mis notas?

¿Cómo atreverme a pulsar
La desacorde arpa mía,
Si esa dulce melodía
Nunca la podrá imitar?

Mas si tu armoniosa lira,
Que en concierto delicioso
Expresa el idioma hermoso
Que en el Parnaso se inspira,

Quiere escuchar de la mía
Humilde y pobre canción,
Al compás de triste son,
Estas estrofas te envía.

Gracias: septiembre de 1884

A UNA FLOR INODORA
¿De qué sirve, bella flor,
que ostentes tanta belleza,
si falta a tu gentileza
el perfume embriagador?
Si la brisa que al vergel
acaricia juguetona,
de ti no lleva el aroma
como de rosa o clavel.

Creyendo aspirar olores
se acercan a ti las aves;
mas no hallan perfumes suaves,
sólo tus bellos colores.

Y se alejan, y a otra flor,
humilde, pero aromada,
la avecilla enamorada
da sus cantares de amor.

Eres tú, inodora flor,
como la joven hermosa,
de faz de nieve y de rosa,
de aire dulce y seductor,
que, ufana con su hermosura,
lo más precioso descuida:
la virtud, bien de la vida,
perfume de un alma pura.

1890

MIGUEL RICO GUARDIOLA

Nació en Tegucigalpa el 21 de abril de 1856.

Era de familia pobre; pero, inteligente y laborioso, no tardó en colocarse en condiciones de seguir una carrera profesional, e ingresó a la antigua Universidad, en donde se dedicó a los estudios de la Abogacía. Ya estaba para concluirlos cuando le acometió la enfermedad que había de ocasionarle la muerte. Falleció el 23 de diciembre de 1879.

A CHEPITA

A ti, Chepita, que tienes
encantos que el mundo admira,
a ti consagra mi lira
esta ardiente inspiración;
a ti, que con tus hechizos
despiertas la simpatía,
te dedica en este día
con placer esta canción.

Perdona si acaso te habla
de tristeza y de quebranto,
si te dice que es el llanto
quien consuela mi dolor,
en esos duros instantes
en que me siento abatido,
mirando que en el olvido
se sepulta ya mi amor.

Tú los tiernos corazones
a las plantas encadenas,
y en amarguísimas penas
les haces permanecer;
dejando tan solamente
ver en blanca lontananza
la sombra de una esperanza
que aumenta su padecer.

Tú dominas los imperios
que hace el hombre en su locura,
con esa rara hermosura
que el Creador te concedió;
y borras también, tirana,
las mil bellas ilusiones,
las frenéticas pasiones
que allá en su mente forjó.

Con esa dulce palabra
que me encanta, que me hechiza,
que transforma y diviniza
todo tu mágico ser,
a otras regiones, Chepita,
más felices me encaminas;
con tu ternura me animas
su belleza a conocer.

Con tu celestial sonrisa,
que cautiva, que enajena,
destierras la dura pena
que me oprime sin cesar;
y en esos dulces momentos
en que me encuentro arrobado,
tal vez habrás escuchado
las quejas de mi cantar.

Y esos ojos que destellos
de luz vierten a torrentes,
cuyas miradas ardientes
contemplo extático yo,
hacen que un alma que sabe
saborear tanta dulzura
sienta la emoción más pura
que en la vida se gozó.

¿Y podrá la musa mía
a ser tan privilegiado,
a tu ser divinizado
retratarlo tal cual es?
Perdona, tierna Chepita,
lo árido de mi poesía,
y acepta la simpatía
del que se postra a tus pies.

TE QUIERO

A Raimunda.

Te quiero, sí, porque risueña y cándida
perfumas el sendero de mi vida;
porque has abierto al corazón un mundo
de esperanza y amor.
Porque en tu frente angélica y hermosa
se retrata el pudor de la inocencia;
porque eres cual la flor que se columpia
ufana en el pensil.

Te quiero, sí, porque las notas lánguidas
que brotan de mi humilde y pobre lira,
las ha inspirado tu gentil belleza,
tu hechizo celestial.
orque al mirarte conmovióse mi alma,
la agitación de intenso amor sintiendo;
porque al poder de tu hermosura helénica
no puedo resistir.
¡Oh, Raimunda! ¡Mi luz, mi sol, mi cielo,
mi porvenir, mi venturanza y gloria!
¡Recibe los suspiros que te envío,
recíbelos, por Dios!

¡Si tú vieras, mujer de mis delirios,
el inmenso volcán en que me abraso!
Es un Etna mi pecho enamorado:
¡su fuego arde por ti!
¿Qué te puedo ofrecer? Ya tú lo sabes:
mi fe, mi amor, mi juventud, mi vida,
mis efímeros triunfos de poeta,
mis lauros de cantor.
Acéptalos, mi bien; y no me olvides;
no, cruel, desdeñes mi amorosa ofrenda;
haz que a tu lado hasta la muerte viva:
¡así seré feliz!

REPULSIÓN

¡Pasad, malhadadas horas
de juventud fatigosa!
¡Pasad, visión engañosa,
sílfide, ondina o mujer!
¡Ya no más vuestros encantos
ocupen mi pensamiento:
que vuelva a mi alma el contento,
que vuelva a esperar, a creer!

¿Qué me disteis cuando, loco,
incauto, sin experiencia,
con la fe de la inocencia
en vuestros sueños creí?
Me disteis el desencanto,
la desilusión más fría,
y honda, mortal agonía
en mi corazón sentí.

Al influjo pernicioso
de vuestra dicha mentida,
se deslizaba mi vida
entre dudas e inquietud.
Indiferente a mis males,
vuestro veneno aspiraba,
y ya en mi paso no hallaba
las luces de la virtud.

¡Destino amargo del hombre!
Dejar una gloria cierta,
por la gloria, falsa, incierta
de incierto y falso placer.
¡Destino amargo del hombre!
No domeñar la fortuna
cuando, alevosa, importuna,
quiere hacerle perecer.

Vosotros, los que, abrumados

por esas horas de duelo,
habéis implorado al cielo
piedad en vuestro dolor;
podéis saber lo que valen
las agonías del llanto,
las lágrimas del quebranto,
de la amargura el rigor.

¡Pasad, malhadadas horas
de juventud fatigosa!
¡Pasad, visión engañosa,
sílfides, ondina o mujer!
No quiere vuestros encantos
mi agitado pensamiento:
que vuelva a mi alma el contento,
que vuelva a esperar, a creer.

1879

REALIDAD DE LA VIDA DOLORA

Cuando comencé a pensar,
cuando comencé a sentir,
dije: "La vida es gozar";
dije: "La vida es reír".

"Todo es deleite y amores;
todo, placer y hermosura;
no hay en el mundo dolores,
no existe la desventura".

"Loco, necio y extraviado
el que execra las pasiones;
¿hay en todo lo creado
quien no viva de ilusiones?"

Un razonamiento tal
dejóme alegre y gozoso;
y por la senda del mal
me hizo correr presuroso.

El mal se regocijaba,
el mundo se complacía,
porque el uno me engañaba
y el otro me seducía.

Vino al fin la Realidad
y me dijo: ¡Desdichado!
Yo soy la única verdad:
¡Eres un necio extraviado!

ANGUSTIAS

I

En mis días de tedio y desencanto,
cuando muero de angustias y agonía,
cuando insensible el mundo me abandona
a mi dolor tenaz;

cuando no puedo ver ni en lontananza
la realidad de mis dorados sueños;
cuando el sarcasmo, la impiedad, la envidia
quisiéranme destruir;

cuando pregunto al corazón sediento
de amistad verdadera, de amor puro,
si puede haber en esta vida algo
que calme su inquietud;

y me responde, consumido y triste,
marchito por amargo sufrimiento,
que tan sólo un consuelo le ha quedado:
¡llorar para morir!

Funesto pensamiento, atroz idea
apodérase luego de mi mente;
horas de indecisión y de peligro
aturden mi razón.

Horas terribles de ansiedad, de muerte;
horas en que el fantasma del pasado
se presenta sombrío y nebuloso,
buscando el porvenir.

Para envolverlo en su luctuoso duelo,
para hacerle perder toda esperanza
y presentarle el esqueleto odioso
de negra realidad.

Presente incierto, mísera existencia,
presa inocente de amargura tanta,
luchas, te afanas por buscar la tabla
¡de pronta salvación!

¡No la encuentras! Jamás has de encontrarla.
¿Qué puede un infeliz contra el destino?
Nada valen las lágrimas y el ruego,
no excitan compasión.

II

Dios mío, tus arcanos
profundos, insondables,
a la razón humana
no es dable descubrir.

Respeto tus sentencias;
tus leyes obedezco,
y a tu sagrado nombre
tributo adoración.

Conoces cuánto peno,
conoces cuánto tiempo
de angustias y dolores
me queda que sufrir.

Tu voluntad es única,
nada resiste a ella,
testigos son los mares
que agotas con tu voz.

Si mi destino adverso
jamás puede mudarse,
si en hondas agonías
por siempre he de vivir;

abréviame la vida,
abrevia este martirio

que pesa inmensamente
sobre mi débil ser.

III

Acorta, Dios soberano,
de mi existencia los días,
y las desventuras mías
aleja con tu poder.

¡No olvides al que te llama,
y haz que mi alma dolorida
no vea hermosa la vida
de la muerte en el dintel!

FATALIDAD

¿A dónde voy? No lo sé.
Yo camino errante y ciego;
no sé si tarde o si luego
mi destino cumpliré.

No veo ese más allá
que los idealistas miran,
¡visionarios que deliran
e ignoran do el bien está!

Inventan libre albedrío,
hablan de inmortalidad,
¡miserable desvarío!
No hay más que fatalidad.

Pese a quien pese este nombre,
él es el corto volumen
donde las leyes del hombre
se compilan, se resumen.

RAMÓN REYES

Ya se han visto sus rasgos biográficos en el Tomo I de esta obra.

Reyes escribió más en prosa que en verso. Sus artículos Voltaire, Los Escandalosos, La Julieta de Shakespeare, Nuestros tiempos y nuestras costumbres, Ensayos críticos, Armaduras y antifaces, Filosofía de la Historia y otros le valieron elogios de literatos como Ramón Rosa y de poetas como José Joaquín Palma.

Cultivó Reyes también la oratoria y dejó discursos notables en que hizo gala de la facilidad con que manejaba el idioma y de los variados y extensos conocimientos que había adquirido a los veintitrés años.

Tenía pasión por la poesía. Los clásicos griegos, latinos y españoles le eran familiares. Admiraba con entusiasmo ardiente, entre los modernos poetas de España, al eximio Núñez de Arce, por la valentía de sus estrofas y por el gran vuelo de su inspiración, y a Gustavo Adolfo Bécquer, por la melodía y delicadeza de sus rimas. Muchas de sus composiciones revelan la influencia que en él ejercieron esos dos bardos españoles.

Estaba escribiendo en 1885 un poema titulado Job, en octavas reales; pero sobrevino la persecución política que lo hizo emigrar para volver en seguida a Honduras, a perecer en el campo de batalla, y del poema no quedó más que un corto fragmento.

A MANUEL MOLINA VIJIL EN SU MUERTE

I

Cayó en la selva el elevado pino
al rudo embate del soberbio Noto...
¡Todos ignoran su fatal destino,
su porvenir ignoto!

Se hundió en la mar, de las tormentas presa,
la zozobrante nave del viajero;
cayó vencido en la profunda huesa
el luchador remero.

Cayó temblando en la gentil pradera
el perfumado lirio pudoroso;
tronchó su tallo la guadaña fiera
del labriego afanoso.

Murió cantando en anchuroso río
el blanco cisne de rizadas plumas,
como mueren las rosas del estío,
y pasan las espumas.

II

¿Visteis morir el armonioso vate,
a los deleites de la vida ajeno,
del ancha copa del dolor que abate
apurando el veneno?

¡Feliz, Molina, que llegaste ansioso
de la existencia al término anhelado,
menospreciando tu pasado hermoso,
tu porvenir dorado!

Que el porvenir de la existencia humana
es cual sirena de falaz semblante,
¡que entre sonrisas truécase inhumana
en trasgo repugnante!

¿Y qué es el hombre? Un infeliz gusano
que aplasta ciego el burlador destino;
¡necio Faetonte que en su orgullo insano
abandonó el camino!

III

¿Por qué será este mundo un páramo aterido
de locas simpatías, de muertas ilusiones?
¿Por qué sufrimos tristes que el pecho adolorido
sucumba al rudo embate de bárbaras pasiones?

Hoy vemos que se elevan al cielo las plegarias
de niños que no saben lo que es el sufrimiento;
mañana, al son tristísimo de esquilas funerarias,
irán a sepultarlos sin vida y sin aliento.

IV

¿Por qué el amor, la dicha, el sentimiento
desaparecen cual celaje hermoso,
como pavesa que arrebata el viento
helado y proceloso?

¿Qué deja el hombre de su aciaga vida
en los del mundo áridos desiertos?
¿Qué deja el alma al emprender su huida?
¡Sus ideales muertos!

¡Y tú, Molina, al realizar tu viaje,
rasgos dejaste de inmortal grandeza,
los fúlgidos cambiantes del celaje,
del vate la terneza!

V

Con cítara doliente cantaste de este mundo
los duros sinsabores, las vagas inquietudes,
y luego a otra morada marchaste gemebundo,
donde moran en consorcio la dicha y las virtudes.

¡Cuán dura es la existencia cargada de congojas,
vertiendo amargas lágrimas que escaldan las mejillas!
¡Cuán triste es contemplar la muerte de las hojas
que ruedan por los prados marchitas y amarillas!

VI

¡Cuántos intentan del destino humano
las leyes penetrar con osadía!
¡Y cuántos dicen que el suicidio insano
es torpe cobardía!

¡Oh cruel sarcasmo! Y el Eterno quiera
que nunca sufran del destino el lote,
que nunca la desgracia lastimera
terrible los azote.

Crimen el de ellos; su cinismo quiere
del que busca en la muerte la ventura,
del que agobiado por la suerte muere,
prolongar la amargura.

No levantemos el mortuorio velo
que oculta ese misterio a nuestros ojos;
mas del que fue de la virtud modelo
honremos los despojos.

¡Adiós, Molina! En la postrer morada
escucharás mi acento funerario;
perdona si mi mente acongojada
sondea ese santuario.

¡Adiós, Molina! Un porvenir risueño
el alma busca de dolor transida;
busca, al salir de su profundo sueño,
el néctar de la vida.

Venid, venid, emocionados poetas,
también vosotras, sílfides hermosas,
y adornemos su tumba con violetas,
con lirios y con rosas.

EFUSIONES

I

¡Cuánto me place en las tardes
de zafir, de oro y de gualda,
contemplar con ansia ardiente
el azul de las montañas!

Contemplar de los alcores
los cambiantes de esmeralda:
¡esos pequeños ribazos
que circundan a mi patria!

Arrulladoras y tiernas
las palomas allí vagan;
allí se mecen las chorchas
del limonero en las ramas.
Y esas notas que en la tarde
se oyen melódicas, vagas,
son cánticos de los genios
que alegres pulsan sus arpas.

Los favonios no murmuran
en la frondosa enramada
porque se hallan reposando
en las agrestes cañadas.

II

¡Cuánto me place en las tardes
contemplar las avecillas
que graciosas juguetean
entre las ramas floridas!

A los besos de las auras
las azules campanillas
en su tallo se cimbrean,
se cimbrean y se inclinan.

Las aguas del arroyuelo
rodando van entre guijas,
exhalando un ruido suave
sus murmuradoras linfas.

En los remansos del agua
se quedan las florecillas,
y en las piedras se detienen
las espumas blanquecinas;
y en los azules oteros,
y en las lejanas colinas,
del zenzontle cadencioso
oigo la grata armonía.

III

Mucho me place en las tardes
contemplar cuánta belleza
la inescrutable natura
en sus arcanos encierra.

A la orilla del arroyo
o en las hermosas praderas
busco un lecho florecido
de grama y de madreselvas.

Y allí sueño con la gloria,
y la dicha pasajera;
allí olvido de los hombres
las locuras y miserias;
pues el ideal que nuestra alma
en sus delirios fingiera
es cual céfiro veloz
que va a morir en las selvas;
es el aroma postrero
de la tronchada azucena,
es el último gemido
de la dulce primavera.

IV

Por eso busco la tarde
de bellísimos colores,
cuando el sol se va ocultando
en el cortado horizonte,

para llorar con el alma
nuestras penas y dolores;
para pensar en la vida
y en el destino del hombre.

Pues somos aves de paso,
desventuradas y pobres,
y débiles sucumbimos
de la suerte a los rigores;
somos las ondas que ruedan
para extinguirse veloces;
nuestros ideales se pierden
en los zarzales del monte.

Diciembre 2 de 1883.

EN LA PRIMERA PÁGINA DEL CHILDE HAROLD

I

Con la lira de Apolo y Jeremías,
y el alma presa de nostalgia odiosa,
maldiciendo sus horas y sus días,
con la voz de su genio poderosa,
el dulce Byron, triste y errabundo,
iba cantando su dolor profundo.

II

Envidiaron las bellas su hermosura,
despreciaron los hombres su grandeza
y execraron de su arpa la ternura;
mas riéndose él de la humanal flaqueza,
olvidando su gloria, su ventura,
su caro amor, su patria y su nobleza,
marchó a exhalar su aliento postrimero
a la tierra de Píndaro y Homero.

Tegucigalpa: abril 29 de 1884.

NOCTURNO

I

¡Cómo se mecen las flores
a los besos del ambiente,
y solloza tristemente
el genio de los amores!

De la luna los destellos
en el arroyo titilan,
y los árboles que oscilan
doblegan sus ramos bellos.

Va el arroyo murmurando,
entre flores, hechicero;
está el zorzal montañero
en la ceiba reposando.

II

¡Es de noche! El universo
está en silencio sumido,
y el corazón dolorido
batalla con su hado adverso.

¡Es de noche! Todo calla
y duerme soñando amores,
mas un mundo de dolores
a mi alma triste avasalla.

Y en la noche ¡ay! desvarío,
se disipan mis amores
como el ambiente y las flores...
¿Y no lloras, amor mío?

Diciembre 7 de 1883.

LAS FLORES MUERTAS

A Zareida.

I

Nace una flor de pálida corola
en las orillas del pantano infecto,
y allá en la tarde del verano ardiente
al soplo muere de aquilón violento.

Negó Natura aljofaradas gotas
a sus sedientos, enfermizos pétalos,
y la abejilla que las flores liba
no busca aromas en su mustio seno.

Y cuando caen sus pétalos marchitos
en las orillas del pantano infecto,
los va esparciendo por la verde grama
desatentado el huracán violento.

II

Así, Zareida, nacen en el alma
las flores del amor y los placeres;
mas de la vida el vendaval furioso
¡ay! las persigue y agitadas crecen.

El hombre en tanto sueña con la imagen
de la ventura y del placer celeste;
mas cuando pasan sus ideales de oro,
entonces gime y llora y se entristece.

Y mira aquellas delicadas flores,
sagrados frutos de su amor vehemente,
que al empezar la nieve de los años
se agostan ¡ay! y deshojadas mueren.

Tegucigalpa: abril 30 de 1884.

A...

I

¡Me preguntan los hombres! ¿Por qué digo
que eres bella, gentil y decidora?…
¡Que pregunten al ave por qué canta,
por qué murmura la onda bullidora!

¡Que pregunten al céfiro galante
por qué acaricia las pintadas flores!
¡Que pregunten por qué las mariposas
aman tanto del bosque los primores!

II

Eres bella, mi amada, porque tienes
en tu tez de los lirios la frescura;
de las diosas del Pindo y del Walhalla
tienes la noble y mágica apostura.

Eres gentil como la esbelta palma
que crece del Guayambre en las riberas;
cual las flores que miran los viajantes
de Liure y Teupasenti en las praderas.

III

Si algún escalda de la vieja Escocia
te hubiera contemplado, vida mía,
meditabunda y solitaria y triste,
como la luz del moribundo día;

¡Pulsando un arpa con piedad sublime
y entonando melódicos cantares,
te creería el misterioso bardo
el genio protector de sus hogares!

IV

Si en los bosques de sauces y de amates,
suelta al aire la hermosa cabellera,
aparecieras entre verdes lianas,
inmóvil, apacible y hechicera;

de tierno amor el corazón transido,
revelando inquietud en sus miradas,
te juzgaría el soñador poeta
la reina de las garzas y las hadas.

V

Cuando suspiras me parece que oigo
el vago sollozar de las ondinas,
que deploran hallarse aprisionadas
del lago entre las ondas cristalinas.

¡Cuando te miro, en lo interior de mi alma
siento el imperio de tu amor sagrado!
Y quisiera pasar toda mi vida
a tus pies como el siervo prosternado.

Tegucigalpa: agosto 20 de 1885.

PROBLEMA

I

Rugen las tempestades en el alma
si de la dicha falta el lenitivo.
Suspira por gozar, triste el cautivo,
en su mazmorra la perdida calma.

II

Si el santo amor es un vital consuelo
en este mundo, al alma dolorida;
si es el sabroso néctar de la vida
que hace la dicha terrenal un cielo:

Si del pobre cautivo las cadenas
son un perpetuo, abrumador infierno
de rudas luchas, de dolor eterno,
y de blasfemias, lágrimas y penas:

III

¿Por qué se hastía de vivir gozando
el alma del amor en el santuario,
y muchas veces quiere el presidiario
vivir sus duros hierros arrastrando?

Marzo 13 de 1883.

CANTARES

A Zareida.

I

Gacela hermosa
De los alcores,
Virgen nacida entre níveas flores,
Llena de gracias y de virtud,
Escucha al bardo que canta amores
A los compases
De su laúd.

Tiene tu acento tanta cadencia
Cual de la alondra las melodías,
Que al alma inspiran
Reminiscencias
De aquellas horas, de aquellos días
De venturanzas y de inocencia.

Son tus sonrisas arrobadoras
Y tus miradas llenan de luz,
Cual las estrellas titiladoras,
Que siempre brillan
Encantadoras
En el inmenso
Piélago azul.

Tú eres la diosa
De los amores,
Tú eres la reina de las huríes:
Las mariposas te brindan flores,
Melifluos cantos los ruiseñores,
Suaves perfumes
Los alelíes.

Y tus miradas negras y oscuras,
Que hacen al bardo palidecer,
Me están diciendo,

Castas y puras,
que tú no tienes las amarguras,
Las inconstancias de la mujer.

Tu suerte envidian, desconsoladas,
Las odaliscas en Estambul,
Y tus mejillas son delicadas
Cual las miosotis
Aprisionadas
Entre las ondas
Del lago azul.

Meció tu cuna,
Niña inocente,
La fresca brisa de estos pinares,
De los vergeles el suave ambiente;
Y la alumbraron del Sol poniente
Los esplendores
Crepusculares.

Y cuando pasas, dulce bien mío,
Tan hechicera, tan melancólica,
Cual la paloma
Del bosque umbrío,
El ritmo dejas del arpa eólica
Que va perdiéndose en el vacío.
Y con tus gracias sueñan las hadas
Y las sultanas en Estambul,
Y tus mejillas son delicadas,
Como las flores
De las cañadas,
Como los lirios
Del lago azul.

II

¡Ay! tú no sabes cuánta ternura
Siento en el alma cuando te miro;
Pues eres bella, gentil criatura,

como el aliento, como el suspiro
de las deidades de la hermosura.

Son apacibles
esas miradas,
castas, honestas,
suaves, sencillas,
y en esos labios,
enamoradas,
nidos de besos
hallan las hadas,
panal de mieles
las abejillas.

Por eso te amo, gentil criatura,
como se adoran los sueños de oro,
de paz y gloria, de fe y ventura;
porque eres buena, cándida y pura,
por eso, hermosa, tanto te adoro.

Catorce veces la primavera,
deidad hermosa del alma mía,
ha perfumado tu cabellera
con sus aromas, con su ambrosía
y con su fresca brisa ligera.

Como la ondina
del arroyuelo
eres amante,
lánguida y tierna,
y en tus miradas
encuentro un cielo,
y tus sonrisas
calman mi anhelo,
calman mi ardiente
pasión eterna.

Por eso te amo, linda criatura,
virgen que inspiras mis sueños de oro,

de paz, de gloria, de fe y ventura;
porque eres buena, cándida y pura,
gentil Zareida, ¡tanto te adoro!

III

Yo soy el ruiseñor que canta ufano
Entre las ramas de la fresca umbría,
Amando triste y persiguiendo en vano
La sombra del placer y la alegría.

Soy el acento murmurador
Del viento suave de los verjeles,
Que busca amante la casta flor
Que guarda aromas, que guarda mieles
Y brinda ardientes besos de amor.

Soy el amigo
De los juglares,
Soy el amante
De las quimeras,
Y me divierto
Con mis cantares;
Y escucho alegre
Las plañideras
Y vagas notas
De los pinares.

Soy mariposa que alza su vuelo
Hacia el boscaje donde reviven
Las ilusiones que mata el duelo;
Soy cual los silfos que amando viven
A las náyades del arroyuelo

Yo soy el trovador de la esperanza;
Y busco de Ja vida en los zarzales
La maga del amor y los ideales
Y el ave de la eterna venturanza.

1884.

MIGUEL FORTÍN

Nació el 11 de septiembre de 1863 en San Antonio de Oriente.

Sus padres: don Miguel Fortín y doña Rita Franco de Fortín.

Trasladado a Tegucigalpa a estudiar en 1879, obtuvo el grado de Bachiller en Ciencias y Letras el 19 de enero de 1884, y el de Licenciado en Jurisprudencia y Ciencias Políticas el 7 de noviembre de 1886.

Fortín fue, como Ramón Reyes, perseguido por el gobierno del general don Luis Bográn. Estuvo preso por más de un mes, y en la prisión escribió su composición intitulada ¿Humillarme?, dirigida a un personaje político que le aconsejó pedir su libertad. Cuando obtuvo ésta sin haberla solicitado, partió para El Ocotal, República de Nicaragua, y allá escribió la sentida poesía A mi madre, en que palpitan los sentimientos del hijo amante y los del patriota que maldice la tiranía.

Posteriormente, Fortín pasó a El Salvador; contrajo matrimonio en Ahuachapán, y allí ha fijado su residencia. Parece que hoy ha cambiado el cultivo de las letras por el de la tierra, y tiene razón: la agricultura es mejor negocio que la poesía.

Triunfante la revolución liberal en 1894, Fortín fue electo Diputado a la Constituyente que se reunió ese año; pero no le fue posible venir a ocupar su puesto.

¿HUMILLARME?

Al que me aconseja que suplique al Presidente
me conceda mi libertad

¿Qué me aconsejas tú?... ¿Eso? ¡Imposible!
¿Que doble mi rodilla ante el tirano?
¿No me conoces aún? ¡Soy inflexible!
Antes mi vida con mi propia mano
me quitaré, como Catón de Útica,
que ser cobarde y ruin y miserable.
¿No sabes tú lo que esto significa?
Pues esto significa eternamente
cargar con el baldón sobre la frente...

¡Ya no me digas más! ¡Tu boca no hable
ese lenguaje vil que me avergüenza!
Comprende que mi espíritu indomable
no hay poder en la tierra que lo venza.

Joven, muy joven soy; mas no me arredra
ese tirano odioso
que me tiene en inmundo calabozo.
Él sobre mí tiró la primera piedra,
y sepa que ya avanza
el día de la luz y la venganza.

Hoy puede lo que quiera,
hoy que la libertad está ultrajada,
que la justicia se halla envilecida,
que está rota en pedazos la bandera
de la honra nacional ya mancillada.
¡Que vengan sobre mí cadenas, grillos,
a oprimirme mis pies con sus anillos!

Venga la guillotina, o bien la hoguera,
¡nada me importa!... ¡Nada!
¡Y es preciso que sepas que soy hombre,
y querer que me humille es un delirio!

Perezca antes mi nombre
y acabe con mi vida mi memoria...
¡Mas yo sé que del fondo del martirio
nace la redención, nace la gloria!

Presidio de Tegucigalpa: 16 de noviembre de 1885.

EL ADULADOR

A un tirano.

Hacer sombra en tus pupilas
Y noche en tu corazón,
Oprimirte la conciencia,
Hacerte creer que eres Dios;
Abatir tu pensamiento,
Ofuscarte la razón,
Poner en tu mano el látigo,
El látigo vengador;
Que doquier veas fantasmas,
Que alces patíbulo atroz,
Que encadenes al humilde
Y hagas que triunfe el ladrón;
Que sepultes el derecho,
Que te burles del honor,
Que en suplicio el goce cambies
Y la esperanza en dolor,
Que olvides al sabio Sócrates
Por recordar a Nerón;
Eso es lo que hace contigo,
Tirano, el adulador.

LA VIDA

Nacer, vivir y caminar sin tino,
Perseguir un ideal que no se alcanza,
Y guiado por la luz de la esperanza
Marchar por los abrojos del camino;

Y eterno e incansable peregrino
No encontrar la deseada bienandanza
Y perder poco a poco la confianza,
Y maldecir airado su destino;

Y ver desvanecida y despreciada
La ilusión que acaricia su conciencia,
Y encontrar con el alma desolada,
Al concluir su fatídica existencia,
Sólo humo y sombras y miseria y nada:
¡Esa es del hombre la fatal sentencia!

NECESIDAD

A...

Necesito una luz que me ilumine,
Y un fuego que haga arder mi corazón,
Necesito esperanza para mi alma,
Necesito consuelo, fe, pasión.

A la vida volver yo necesito,
De ensueños y de gloria y de ilusión,
Y necesito que arda nuevamente
La antorcha de mi alma, la razón.

Tus ojos son la luz que yo deseo,
Tus labios son el fuego abrasador,
La posesión de tu alma, la esperanza,
El consuelo y la fe, tu corazón;

Los ensueños que anhelo son tus besos,
Tus abrazos, la gloria y la ilusión,
Y tenerte a mi lado siendo mía,
Y al verte a ti pensar y creer en Dios;

Es esto, niña, lo que loco anhelo,
Esto es lo que se llama la pasión.
Si tú eres el ideal que yo deseo,
Y si eres tú lo que buscando voy,
Si mi vida depende de tu vida,
¡Necesito tu amor!

RIMAS

I

Tú no me amaste nunca: ¡yo te amaba!
Una noche soñé que tú eras mía
Y cesó mi dolor;
Mas ¡ay! al despertar al otro día,
Yo dije, al comprender que me engañaba,
¡Es un sueño el amor!

II

Animado estaba el baile,
Festiva la juventud,
Mas entre todas aquellas,
Mi amada, no estabas tú.

Cien bujías alumbraban
A la alegre multitud;
Pero faltaban tus ojos,
Tus ojos de bello azul,
Y mi alma estaba a oscuras,
¡Para mí no había luz!

III

No entres, mi amada, a este templo,
Se está entonando un Requiescat,
Hay alguien allí que llora
Y en el centro está una muerta;

Te van a llamar infame,
Te van a cerrar la puerta,
Pues dicen que eres la causa
De esta desgracia funesta:

Esa que llora es un alma,
Su esperanza es esa muerta;
Y dicen que su verdugo
Fue tu cruel indiferencia.

SERENATA

A...

¡Qué importa, niña, lance mis quejas,
¿Cabe las rejas de tu balcón?
Mi voz no escuchas cuando te aclama,
Porque no me ama tu corazón.

Deja tu lecho: ven al postigo
Y habla conmigo, niña gentil,
De otros mundos, mundos risueños,
De tus ensueños, del porvenir.

Ven, y la luna que está en el cielo
Con desconsuelo se ocultará,
Porque tus ojos, mujer querida,
Darán más vida, más claridad.

Tus labios rojos serán mi aurora,
De ave canora será tu voz,
Y tus pupilas serán mi cielo,
Serán consuelo, serás mi Dios.

Ven, mi adorada, y habla de amores,
De los dolores, de la ilusión,
Serás Julieta, seré Romeo,
Yo tu deseo, tú mi pasión.

Ven y hablaremos de aquellos días
Que en alegrías pienso pasar;
Tener mi pecho junto a tu pecho,
Un solo lecho y un solo hogar.

Las aves bellas, aves canoras,
A todas horas te cantarán,
Y en tu contorno brillantes flores
Con mil olores perfumarán.

Y en esos días que yo he soñado,
Siempre a tu lado, sin aflicción,
Serás mi musa, serás profeta,
Yo seré poeta, seré cantor.

De eso hablaremos: ven al postigo,
Y habla conmigo, niña gentil,
De esos consuelos, dulces risueños,
De tus ensueños, del porvenir.

Mas ¿qué te importan, niña, mis cuitas,
Que invoque citas, que pida amor,
Si tú no me amas, si en vano pido,
¿Si está dormido tu corazón?

ANTE EL RETRATO DE BYRON

**Con que se sirvió obsequiarme mi cariñoso amigo
Rómulo E. Durón**

¡El retrato de Byron!... Yo me inclino
Ante esa imagen que recuerda al hombre
Que, poeta, liberal y peregrino,
Supo llenar el mundo con su nombre.

Que mártir y feliz a un tiempo mismo,
El amor conmovió todo su ser,
Y recibió de Dios ese bautismo
De genio, de belleza y de poder.

Las edades se inclinan reverentes
Ante tu nombre, ¡oh, Byron inmortal!
¿Quién en su alma sintió como tú sientes
¿Las luchas a la vez del bien y el mal?

¡Te combaten contrarios elementos!
Y en tus ojos de clara transparencia,
Se ven brillar los altos pensamientos
Que brotan de tu augusta inteligencia.

En tu frente, tan límpida y tan pura,
Que coronan, ufanos, tus cabellos,
Al par que resplandece tu hermosura
Se ven de lo infinito los destellos.

¡Oh, imagen del poeta! No me es dable
Tener para cantarte inspiración,
Para cantar al que burló implacable
Su patria, sí, la poderosa Albión.

A ese padre infeliz, que nunca pudo
Sentir de su hija el seno palpitar;
Que el destino implacable, ciego y rudo,
El cáliz del dolor le hizo apurar.

Pero que en cambio les llevaba, insano,
A las beldades, con su lira inquieta,
La comunión de amor en una mano
Y en sus labios las mieles del poeta.

Cual, ante Dios rendido penitente,
Las musas se inclinaban a su paso,
Y las vírgenes puras del Oriente
Deseaban reposar en su regazo.

¡Condesa de Guiccioli! Tu memoria
Viene a mi mente unida a la del poeta;
Le enseñaste el camino de la gloria,
Fuiste su salvación y su profeta.

Y el pensador, en alas del deseo,
Y sintiendo el ardor de un espartano,
Fue corriendo a luchar, nuevo Tirteo,
Por libertar a un pueblo de un tirano.

Mas ¡ay! cayó en la tierra bendecida
Do vivieron Temístocles, Cimón,
Sin contemplar la aurora apetecida
Que luciera una vez en Maratón.

Allí duerme el poeta eterno sueño,
Cubre su tumba un sauce noche y día;
Fue de la gloria y de las bellas dueño,
Y maldijo, al caer, la tiranía.

Por eso ante su imagen yo me inclino,
Ante esa imagen que recuerda al hombre
Que, poeta, liberal y peregrino,
Supo llenar el mundo con su nombre.

AL GUACERIQUE

A llorar mis pesares yo vengo,
Al rumor de tus ondas ¡oh río...!
Mi destino es incierto y sombrío
Y lo cumplo a merced del azar.
Tú caminas por álveo seguro
Hasta el mar que te sirve de lecho,
Mi camino es oscuro y estrecho:
Sólo abrojos me brindan al pasar.

Limoneros inclinan la frente
Y contemplan tus ondas dichosas,
Y los pájaros cantan gozosos
Cuando miran tus aguas correr.
Tu cristal transparente retrata
El bellísimo azul de los cielos,
A las ninfas tus gracias dan celos;
Tienes todo, belleza y poder.

Delicioso es estar a tu orilla
Una noche de luna esplendente,
Y tu tibio, balsámico ambiente
Con placer insaciable aspirar.
Verte ufano ir corriendo, corriendo,
Sin que nada detenga tu paso,
A dormir en el dulce regazo
De tu madre que te ama, la mar.

Mientras yo, sin consuelo, angustiado,
Voy marchando en el mundo, sin calma,
Con la huella que deja en el alma
La esperanza perdida, el dolor.
Sólo abrojos encuentro en la vida.
Mi camino es tortuoso sendero,
Nada encuentro de grato o sincero,
Ni amistad, ni cariño, ni amor.

Yo quisiera seguir tu corriente,

En tus ondas morir yo quisiera,
Que de tumba la mar me sirviera,
Para siempre allí en paz descansar;
Y no ver los engaños del mundo,
Las vilezas, infamias, traiciones,
Ya del hombre no ver las acciones
Y calumnias no oír murmurar.

¡Adiós, río...! ¡Adelante! ¡adelante!
Nada turbe tu rauda carrera...,
Del que triste lloró en tu ribera
Haz recuerdo una vez, por piedad.
Vuelvo al mundo a llorar afligido,
Vuelvo al mundo cargado de penas,
¡A él me ligan terribles cadenas,
Que no puede romper la ansiedad!

¡JAMÁS!

A mi amigo Ramón Reyes.

I

Ya va a morir en Occidente el día,
¡El sol se oculta ya!
Vendrá la noche lúgubre y sombría,
¡Y al mundo cubrirá!
Así, después de la esperanza hermosa
Y después del amor,
Viene la noche tétrica y penosa,
¡La noche del dolor.

II

Negro se ve el azul del firmamento,
¡La noche llegó ya!
Pero esta noche durará un momento,
¡Y luego pasará...!
Y este dolor que la esperanza mata,

Que nos hace llorar,
Y que a nuestra alma sin cesar maltrata
¿Jamás ha de pasar...?

III

Ya vuelve el sol, y vése en el Oriente
Su divino fulgor;
El ave lo saluda tiernamente
Con cánticos de amor.
A iluminar sus rayos ya volvieron,
Y lucen más y más;
Pero ¡ay! las esperanzas que se fueron
¡No volverán jamás!

A MI MADRE

A través del espacio ¡oh, madre mía!
Tu recuerdo está vivo en mi memoria:
Amo la vida, el porvenir, la gloria,
Por ti, sólo por ti.
La ausencia nos separa; mas bien sabes
Lo que en mi patria destrozaba mi alma:
He venido buscando dulce calma,
Y la he encontrado aquí.

En esta tierra generosa y buena
Vivo, si no feliz, al fin tranquilo:
Aquí la grata paz me dio un asilo
¡Y con él libertad...!
¡Libertad! ¡Libertad...! ¡Ah! ¡cuánto sufro
Al recordar que allá en la patria mía
Ha eclipsado tu luz la tiranía...!
¡Te venció la maldad...!

¡Libertad! ¡Libertad...! Tu dulce nombre
Es la careta con que se encubre el hecho
Al violar la justicia y el derecho

Ese tirano vil.
En tu nombre asesina y en tu nombre
Flagela, cruel, al ciudadano honrado;
Tu nombre es el escudo del malvado,
¡Del malvado servil...!

Madre, ¡perdón si al evocar tu nombre
Maldigo yo la ruda tiranía!
Es que pienso en mi patria, ¡oh, patria mía!
¡Sumida en la abyección!
Pienso en el pueblo que abdicó humillado
Sus derechos sagrados y su gloria,
Pienso en el pueblo que olvidó su historia
Y perdió la razón.

Y pensar en mi patria, que es la tuya,
Es pensar, madre mía, en tu cariño:
En ella me arrullaste cuando niño,
En ella respiré.
Allí empecé a sentir en tu regazo,
Y me diste la vida con tu aliento,
Le diste dirección al pensamiento
Y a mi alma diste fe.

Allí fue do primero, entusiasmado,
Ardiendo en emoción, en loco anhelo,
Admiré la creación, admiré el cielo
Y adoré su Creador.
Allí primero idolatré la gloria
Y con ahínco la busqué ya hombre
Para adornar mi nombre con tu nombre
En prueba de mi amor.

Allí la libertad canté inspirado,
Y el arroyo que corre cristalino,
Cumpliendo suavemente su destino,
En paz, en dulce paz.
Y canté las montañas seculares,
Y el azul del espacio majestuoso;

Canté cuanto era noble y cuanto hermoso,
Cuanto no era falaz.

Pero odié la maldad, y ésta es mi culpa;
Odié al tirano de la patria mía,
Clamé contra su negra tiranía
Y entonces me oprimió.
Y en lugar de la gloria que buscaba
Encontré solamente un calabozo,
Donde el déspota, cruel, sañudo, odioso,
Infame me arrojó.

La dicha del hogar rasgó el tirano
Y en cambio despertó angustia infinita,
Que al morir nuestra paz, la paz bendita,
Apareció el dolor.
Sufriste más que yo, bien lo comprendo,
Se eclipsó para siempre tu alegría,
Era inmensa tu pena, tu agonía
¡Como inmenso es tu amor!

¿Después...? Busqué otro suelo cariñoso
Donde vivir tranquilo, sosegado,
Y aquí estoy, madre mía, resignado,
Esperando la luz...
¿Cuándo el sol de los libres en mi patria
Alumbrará nuestro deseado día,
Y rasgará de noche tan sombría
El lúgubre capuz?

Hasta que eso suceda, madre amada,
Abrazarte podré con ansia loca;
Y mientras tanto, tu recuerdo evoca
Mi alma sin cesar.
No te aflijas, no llores, madre mía,
Este tiempo cruel no es perdurable,
¿No es acaso una ley inevitable
Sufrir algún pesar...?

Es verdad que hoy no tienes ni tu esposo
Que viva consolando tu amargura;
Que a él, también como a mí, la mano ruda
Del déspota lo hirió.
Y ha venido a buscar aquí la calma:
De los dos es el pan del ostracismo;
Mas si huye del sañudo despotismo,
¡Nunca te olvida, no!

Y que esto te consuele: que ni el tiempo
Podrá borrar de mi alma tu memoria;
Que si amo el porvenir y amo la gloria,
Solamente es por ti.
Si estamos separados, bien lo sabes,
Es porque estaba destrozada mi alma,
Y he venido a buscar la dulce calma
Que no encontraba allí.

Ocotal: 15 de noviembre de 1887.

RÓMULO E. DURÓN

Nació en Comayagüela el 6 de julio de 1865.

Es hijo de don Francisco Durón y de doña Casimira Gamero de Durón.

Sus padres, luchando con las dificultades de la pobreza, lo dedicaron a la carrera del Derecho.

En la Universidad Central obtuvo el título de Licenciado en Jurisprudencia y Ciencias Políticas el 14 de junio de 1885, y la Corte Suprema de Justicia le confirió el de Abogado el 4 de julio siguiente.

Ha desempeñado diferentes puestos públicos: fue Juez de Letras de la Sección de Santa Rosa de Copán, de 1888 a 1891; Subsecretario de Relaciones Exteriores en 1893; Profesor de Derecho Político y de Economía Política y Estadística en la Universidad, de 1894 a 1898; y Magistrado de la Corte de Apelaciones de lo Civil en 1895, habiéndose separado de este cargo en el mismo año para desempeñar el de Magistrado suplente de la Corte Suprema de Justicia. Poco después fue electo Magistrado propietario de este Tribunal, habiendo sido electo nuevamente para el mismo cargo durante el período de 1899 a 1903.

En Santa Rosa de Copán redactó el periódico El Trabajo, y en Tegucigalpa La Juventud Hondureña, revista literaria; y después, como Redactor Oficial, La Unión y La Gaceta.

Ha publicado dos colecciones de versos: Ensayos Poéticos en 1887, y Crepusculares en 1893.

Por comisión de la Corte Suprema, autorizada para formar el Proyecto de Código Civil que hoy es ley (1899), tuvo el honor de trabajar con el Doctor don Carlos Alberto Uclés en la redacción de esa obra.

LA MUJER

**Poesía recitada por su autor en la inauguración del Club
Tegucigalpa**

¡Vedla allí! Sus dulces ojos
Como estrellas resplandecen;
Sus frescos labios parecen
Un clavel de tintes rojos.
Su belleza hace de hinojos
Postrarse todas las almas;
Va sobre triunfales palmas
Por el mundo caminando,
Y a su capricho dejando
Ya tempestades, ya calmas.

¡Nuestra reina es! Su poder
Doquiera se hace sentir;
Si algo queremos decir
Grande, decimos: ¡mujer!
La amamos desde el nacer,
Que es ella la flor preciada
Cuya esencia delicada
Embalsama nuestra vida,
Desde el punto de partida
¡Hasta el umbral de la nada!

Ella nos hace soñar
Al lucir de las estrellas,
Al ver de las flores bellas
Que el viento besa, el temblar.
Y nos hace suspirar,
Y nos hace maldecir,
Y creer, dudar, sentir,
Estar cantando y gimiendo,
Vernos vivir no viviendo,
¡Y muriendo y no morir!

Habla... y su voz melodiosa

Nos embarga y enloquece;
Manda... y su gesto parece
El de una olímpica diosa;
Reposa... y cuando reposa,
En los ojos entornados
Vagamente iluminados,
¡Qué de misterios dormidos,
De todos desconocidos
Y a ninguno revelados!

Si al vibrante piano llega,
Es su esclavo el instrumento:
De las notas el acento
Ríe o llora, canta o ruega;
Y si a la danza se entrega
Es el lirio de la fuente
Que en la linfa transparente
Se balancea al halago
De la luz y el viento vago,
Al rumor de la corriente.

Si entona un canto de amor,
¡Qué voz a la suya iguala?
No puede ante ella hacer gala
De la suya el ruiseñor.
Es su acento seductor
Vivo raudal de poesía,
Que arrebata y extasía,
Que regenera y encanta,
Pues brota de su garganta
De los mundos la armonía.

Si aprisiona su hermosura
Blanca veste, es semejante
A la estrella rutilante
Que entre las nubes fulgura.
Si deja su vestidura,
Es la belleza sin par
Que nunca, nunca admirar

El corazón podrá bien:
¡Es la Eva del Edén!
¡Venus saliendo del mar!

¡Oh, mujer! Hay que adorarte
Sin pretender comprenderte;
Debemos obedecerte,
Debemos glorificarte;
Y debemos consagrarte,
¡Oh astro de bendición,
Que con pura irradiación
Embelleces la existencia,
La fe, el amor, la conciencia,
El alma y el corazón!

Su luz te den las estrellas
Y sus cánticos las aves,
Las fuentes murmurios suaves
Y aromas las flores bellas.
Tú, que en el mundo descuellas
Por tu belleza y poder,
¡No llegues a conocer
Nunca lo que es el dolor,
Ni del cielo del amor
Llegues nunca a descender!

3 de julio de 1892.

NIÑEZ Y JUVENTUD

I

¡Era yo niño! El bosque delicioso
Y de la brisa los rumores suaves,
El verde prado y el vergel frondoso
Donde entonaban su canción las aves;

Las nubes que en el cielo se desatan
Cual gasas de carmín, de grana y oro,
Y en las linfas del río se retratan,
Y de las ondas el rumor sonoro;

De las lagunas las miosotis bellas,
Del claro sol los áureos resplandores,
De la noche las pálidas estrellas
Y de la blanca luna los fulgores:

Todo lo amé con entusiasmo ardiente;
Y disfrutando de apacible calma,
Ninguna sombra oscureció mi mente,
Ningún pesar atormentó mi alma.

II

¡Mas pasó la niñez! Ya los rumores
De la brisa y los cantos de las aves,
De las lagunas las azules flores
Y de las ondas los murmurios suaves;

Las estrellas, la luna, el sol hermoso
Y de las nubes el flotante velo;
Cuanto mi corazón tierno y fogoso
Amaba entonces con ferviente anhelo;
Hoy no despierta en él las emociones
De placer, de entusiasmo y alegría
Que en la edad de las bellas ilusiones
Dichosa hicieron la existencia mía;

Pues ya de la pasión el grato fuego
En mi ardoroso corazón anida,
¡Y sólo adoro, enajenado y ciego,
Al ser que es hoy la vida de mi vida!

1884.

REVELACIONES

A...

Cuando se tiñe de oro y de rosa
La vaporosa bóveda azul,
Y en sus corolas muestran las flores
Líquidas perlas a los fulgores
De la del día prístina luz,
Y entona el ave
Su canto suave,
Y en el ramaje suspira el viento,
¡En ti está fijo mi pensamiento!

Cuando la lumbre del sol ardiente
Hiere candente la creación,
Y todo calla y está en sosiego,
Y al devorante beso de fuego
Del aura muere la débil flor,
Y no hay frescura
Ni en la espesura
De la arboleda verde y sombría,
¡En ti está fija la mente mía!

Cuando a sus nidos vuelven las aves
Diciendo en suaves trinos "adiós",
Al sol que se hunde tras de los montes,
Bordando en oro los horizontes
Con su postrero, tibio esplendor,
Y canta y reza
Naturaleza,

Y todo es dulce reposo y calma,
¡Sólo en ti pienso, alma de mi alma!

Cuando la noche, de la alta esfera
Su cabellera deja caer,
En cuyos rizos de sombra oscura,
De mil diamantes la luz fulgura,
Sobre la mano puesta la sien,
¡Oh, amado dueño!
Piadoso sueño
Mis inquietudes blando adormece,
¡Y en él tu imagen se me aparece!

¡Siempre en mis sueños, siempre en la aurora!
¡En cada hora! ¡En cada vez!
Tú siempre dueña de mi existencia,
De mi destino, de mi conciencia,
De cuanto existe dentro de mi ser.
¿Cómo olvidarte?
Para borrarte
De mi memoria, do te venero,
Debo, alma mía, ¡morir primero!

1889.

CANTO VESPERTINO

A...

Entre nubes de nácar, grana y oro,
El sol tras la colina desaparece,
Se oye del viento el suspirar sonoro,
Y su oscuro ramaje el pino mece.

Miro en redor, y observo la llanura
A mis plantas tenderse dilatada,
Sus flores ofreciéndome y verdura
Con el afán de un alma enamorada.

En las ondas del aura a mis oídos
Llegan vibrando en plácido concierto
Cantos, rumores, débiles sonidos,
Susurros de los árboles del huerto.

Una tórtola arrulla en el boscaje,
Y un pajarillo pardo, inquieto, airoso,
Vuela, pósase un punto en el ramaje,
Torna a volar y nunca está en reposo.

¡Todo sonríe! De la nube el velo,
El verde de las hojas, la llanura,
La azul diafanidad del alto cielo,
De las flores el brillo y galanura.

Todo me habla de amor, de paz y calma,
Y de cuanto recuerdo y cuanto ansío,
Porque, en tanto lo admira y siente el alma,
¡En ti está fijo el pensamiento mío!

EL 7 DE FEBRERO

A...

¿Te acuerdas, alma mía?
Aún no resplandecía
En Oriente del alba la luz pura,
Aún no jugaba el aura en la espesura,
Aún todo era silencio y paz y sueño,
Cuando a ti, dulce dueño,
Lleno de amor el corazón herido,
Volví, cual ave al olvidado nido,
¡E imploré tu perdón!...

Blancas y bellas
Brillaban en el cielo las estrellas,
Y dormidas las flores
Suspiraban, soñando sus amores.

¡Ay! Apenas oíste de mis labios
El ruego apasionado, los agravios
Olvidaste que un tiempo te infiriera,
Y amorosa, temblando toda entera,
Te arrojaste en mis brazos, alma mía.
¡Cómo entonces latía
Mi corazón!.... ¡Y cuál de dicha el llanto
Rodó por mis mejillas!
Entretanto,
Los bucles de tu pelo reluciente
Acariciaban trémulos mi frente,
Y tus ojos, tan negros y radiantes,
¡Rayos de amor me enviaban centellantes!

¡Oh, inefable momento!
¿De qué entonces hablaba nuestro acento?
¿Y recuerda de qué habla con las flores
Favonio enamorado, en sus rumores?
Yo no sé más que en ese instante, solo
Suspiraba de amor, ajeno al dolo;
Que en tu mirada pura
Bebía yo a torrentes la ventura,
Y que, de la emoción en el exceso,
¡Se unieron nuestros labios en un beso!...

¡Han pasado los días! ¿Qué ha quedado
De tanto y tanto amor?
No se ha borrado
En tu boca rosada y seductora
De ese beso la huella abrasadora,
¡Y ya amas a un extraño!...
¡Oh inconstancia! ¡Oh dolor! ¡Oh desengaño!

7 de abril de 1888.

TE PERDONO

¡Cuál cambia el corazón todos los días!
Ayer me amabas tú: ¿ya lo olvidaste?
Manantial de tus dulces alegrías,
Tu orgullo, tu ventura...
¡Todo eso yo era para ti!... ¿Y ahora?
¡Ahora tú me ves indiferente!
En vano tu ternura
Mi desolado corazón implora;
En vano de mis lágrimas la fuente
Miras correr... ¡Ya tu pasión, bien mío,
Para siempre murió! Fue tan fugaz
Cual la espuma que muere apenas nace;
¡Fue gota de rocío
Detenida un instante en la corola
De perfumada flor que el sol de estío
Implacable secó! Doliente y sola,
Sin fe, sin ilusiones y sin calma,
Y al placer muerta, vivirá mi alma.

De mis penas el único consuelo
El recuerdo será de lo pasado...
Aunque el dardo has clavado
Del dolor, en mi pecho, con encono,
Aún eres tú mi cielo,
Aún te adoro, mujer,... ¡y te perdono...!

1887.

ESTROFAS

Porque me ves tranquilo,
Tú piensas que en mi alma
La dicha y el placer tienen asilo,
¿Y que disfruto de apacible calma?
¿Porque altiva levanto la cabeza
Piensas que no me abruma honda tristeza?

El lago transparente,
Cuyo inmóvil espejo
Copia el disco del sol resplandeciente
Y de la luna el pálido reflejo,
Oculta entre sus aguas silenciosas
¡Quién sabe cuántas sierpes venenosas!

La nube que, impelida
Por vagaroso viento,
Cruza el cielo, cual nave que, perdida,
Va por la faz del líquido elemento,
¡Lleva en su oscuro seno misterioso
El rayo asolador y pavoroso!

Y la faz que serena
Contemplamos del hombre,
¡Encubre no sabemos cuánta pena,
Cuántos dolores que no tienen nombre,
Cuánto amargo y terrible pensamiento
Que el alma hienden como el rayo el viento...!

LA VIDA BALADA

De mi existencia en los primeros años,
Cuando brillaba en su orto dentro el alma
El pensamiento, soñador y virgen,
Creí que era la vida un ave blanca.

Después... cuando mi mente era un alcázar
De dulces sueños y esperanzas dulces,
Y era fuego la sangre de mis venas,
Un ave la creí, de alas azules.

Cuando me hirió con aceradas garras
El desengaño por la vez primera,
Lloré, y ante mis ojos fue pasando
La vida, como un ave de alas negras.

Hoy que tan solo a Dios mi fe se eleva,
Hoy que el dolor purificó mi alma,
No es ave azul; tampoco es ave negra;
De nuevo es ave blanca: ¡es la plegaria!

PESIMISMO

I
EXPERIENCIA

¿Qué me decís? ¿Que al cielo la mirada
Eleve yo, y a lo más alto aspire?
¿Y qué habrá en la región más elevada
Que por doquiera en mi redor no mire?
¡Todo es lo mismo! ¡Mi ilusión dorada
Para siempre perdí! No más delire,
Buscando un ideal... Sé, en mi hondo duelo,
Que hasta en el lodo se refleja el cielo.

II
LA NUBE

No os hagáis ilusiones con la nube
Que vaga leve en la celeste altura;
No penséis que es el ala de un querube
Resplandeciente, inmaculada y pura.
Ella es solo vapor que se alza y sube,
Semejante a la nieve en su blancura,

Del líquido cristal del río ufano
Y del fondo del fétido pantano.

EL ABANICO

En el salón brillante,
Del brazo del poeta iba la bella:
Su límpida pupila centellante
Con el fulgor lucía de una estrella.

En la fiesta no había
Una digna rival de aquella hermosa:
Su voz, arrobadora melodía;
Su noble majestad, la de una diosa.

El poeta, embriagado
Por el ambiente que a la bella envuelve,
Como el ave que el alba ha vislumbrado,
A cantar se resuelve.

Va a cantar su hermosura,
Su gracia espiritual, su tez de nieve,
Su dulce voz, su cabellera oscura,
Su ser todo, que encanta y que conmueve.

Ya se anima del bardo la mirada;
Ya siente palpitar la estrofa ardiente;
Cada verso es brillante pincelada,
Luz y color y línea perfumada
Que al par trazaron corazón y mente.

Entonces se detiene,
Y el abanico toma de la bella:
Pronto a escribir el lápiz... se contiene,
Que inquieta y sorprendida le dice ella:
(No lo dudes, lector: fue como indico)
"Mire usted, no me manche el abanico",

"Tiene razón" (sin torturar los sesos
Se dijo el bardo con entera calma):
"Puede un verso costar sangre del alma,
Y un abanico cuesta muchos pesos".

A LA POETISA JOSEFA CARRASCO

No te conozco, pero he soñado
Los divos rasgos de tu hermosura;
Ojos que brillan con lumbre pura,
Más como estrellas que como un sol;
Cuello de cisne; boca de rosa
Que lo infinito con besos sella;
Pálida frente donde su huella
Dejó grabada la inspiración.

Aún en mi oído suenan las notas
De tu doliente canción primera;
A su eco blando, fresca ribera,
Plácido lago veo surgir;
Veo las palmas mecerse ledas,
Que te brindaron amiga sombra,
Y la de césped mullida alfombra
Donde tu huella fuiste a imprimir.

Y me imagino que te confías,
Al aire suelta la cabellera,
A la barquilla débil, ligera,
Y entre las ondas vas a vagar;
¡Y que quisieras, por ansias puras
Hacia lo alto siempre impelida,
En el océano de luz y vida
De lo infinito, mejor bogar!

Así te sueña mi fantasía;
Así te finge mi pensamiento;
Y el regalado, blando concento,
Al par escucho de tu canción,

Que es tan sublime, que al cielo pido
Siempre resuene tu lira de oro:
¡Ella en sus notas lleva el tesoro
Que guarda tu alma, de inspiración!
Santa Rosa de Copán, agosto de 1889.

A JORGE ISAACS
SONETO

¡Oh, Bardo del dolor y la ternura,
Que mojaste la pluma en llanto un día
Para darnos la historia de María,
Un poema de amor y desventura!

¡Ya descansas por fin! ¡Ya la envoltura
De la vida está rota, y la armonía
Ya enmudeció del arpa que sabía
Luz al alma llevarle y sombra oscura!

¡Pero eres inmortal! Sobre tu losa,
En cándida corona de diamantes
Se tornarán las lágrimas de duelo,

Que hizo verter la historia dolorosa
De tu dulce María, y, centellantes,
Le darán luz los astros mil del cielo.

Tegucigalpa: 27 de mayo de 1895.

¡PATRIA!

¡La Patria! ¿Qué es la Patria?... De nuestro ser es
[alma,
Y en torno de nosotros se siente palpitar,
En lo que canta y vuela, en lo que se alza y brilla,
Y en cuanto nos dirige en pos de un ideal.

En un recuerdo encierra nuestros recuerdos todos;
Anhelos, esperanzas, amores e ilusión
Convergen a ella y fúndense en una sola llama,
Cual rayos que se unieran para formar un sol.

La Patria es el sagrado lugar donde nacimos,
En donde nuestros ojos abriéronse a la luz,
En donde nuestro pecho latió por vez primera,
Do alzamos la prístina plegaria al cielo azul.

Por vez primera en ella lució nuestra sonrisa;
Fue en ella do vertimos la lágrima primer,
Brotando de los ojos, nublados por la pena,
Quemante como fuego, amarga como hiel.

Es Patria el techo amigo que nos cubrió de niños,
La voz a cuyo acento dormimos sin temor,
El amoroso beso de nuestra madre amada,
¡La honra que nuestro padre a defender nos dio!

Es Patria el horizonte que cortan las montañas,
Y aquel que unidos forman el cielo con el mar,
En donde nuestros ojos fijáronse risueños
En las auroras bellas de la primera edad.

Los juegos infantiles, los locos devaneos,
La fe, las esperanzas, la noble aspiración,
Recuerdos, alegrías: la Patria los comprende;
¡Más alto que la Patria tan solo se halla Dios!

La Patria es quien inspira los hechos de alta fama;
Por ella con su pueblo marchó a Canaán, Moisés;
Ella hizo que, en el Tíber, Horacio se arrojara;
¡Por ella se alzó en Suiza el gran Guillermo Tell!

Fue Washington por ella, de todos el primero:
Primero fue en la guerra, primero fue en la paz,
Primero en el afecto de sus conciudadanos,
¡Primero en los favores de la alma Libertad!

Ella animó a Ricaurte al magno sacrificio;
Por ella hubo batallas cual Maipo y cual Junín;
Por ella, con la frente cargada de laureles,
¡En desolada playa Bolívar fue a morir!

Y aquí, en nuestras montañas, vibró por ella un día
Su espada fulgurante Francisco Morazán,
Que, al brillo de los héroes, aureola unión de mártir,
¡Por defender el lema de "Unión y Libertad"!

¡Oh, Patria! ¡Oh, Centroamérica! Dichosa te creíste,
Del 15 de Septiembre al puro resplandor,
Y ya hoy tan solo eres recuerdo y esperanza:
Caíste, y esperamos que se alce tu pendón.

Renace, ¡oh, Patria mía! ¡Como otro tiempo el Fénix,
De tus cenizas puedes alzarte! ¡Tu esplendor
Irradie por doquiera, y a un porvenir grandioso,
Guíe a tus hijos todos tu hermoso pabellón!

28 de septiembre de 1895.

ÁLBUMES

I
A ERNESTINA GALINDO

Nadie cual tú, la luz o las tinieblas,
A su antojo difunde en derredor:
¡Hay tanta noche en tus pupilas negras!
¡Y en tus negras pupilas tanto sol!

II
A ROSINDA FIALLOS

Pasas deslumbradora y desapareces,
Y aún los ojos creen verte. ¡Así la estrella,

Aún después de escondida en el ocaso,
En el fondo del alma se refleja!

III

A LUCILA GAMERO MONCADA

En la tierra, en los mares, en el cielo,
En la luz, de la sombra tras el velo,
Nada hay más grande, nada, que el amor.
Cuando se ama, Lucila, se comprende
Por qué la humanidad a lo alto tiende,
¡Y por qué se ha creído que hay un Dios!

IV

A LUZ SEQUEIROS

Tu nombre es Luz. Tu hermosura
Luz irradia por doquiera;
La luz de la primavera
En tu mirada fulgura.
Eres luz, porque eres pura,
Porque el bien en tu alma anida.
¡Ay! ¿Quién será, Luz querida,
Quien realice el dulce ensueño
De poder, por ser tu dueño,
Decir: "Luz de mi vida"?

V

A LASTENIA

En el lago tranquilo del ensueño
Bogar te miro en nave peregrina,
Que conducen dos cisnes de albo cuello,
Sin pensar en el rumbo ni en la orilla.

Dulce es bogar así. Pero tu nave
En la ribera ha de tocar un día;
¡Quiera Dios que los cisnes, su plumaje
No manchen en el cieno de la orilla!

VI
A LOLITA INESTROZA

Aroma delicado de jazmines,
Gracia de rayo de la luz del sol,
Arrullos de paloma, azul del cielo,
De blanca estrella tibia irradiación;

Pudor de la violeta que se esconde
Bajo sus hojas de eterno verdor,
Misterios del murmullo que en las ramas
Forma del viento la sonora voz;

Canto del ave que feliz y alegre
Alza su vuelo hacia la azul región,
Temblor del cáliz que besó la brisa,
De primavera aliento embriagador;

Aleteos de seres impalpables
Que hacen soñar despierto al corazón,
Delirios castos, vuelos de la idea
Que va de lo alto y lo infinito en pos:

Todo esto encuentra mi alma, dulce Lola,
De tu belleza al rayo encantador;
¡Feliz aquel que la existencia pase,
De tus ojos divinos bajo el sol!

VII
A MARÍA G. REYES

Se alza la luna en el azul oriente,
Canta el zorzal en el jardín, se queja
La brisa en el ramaje, y suavemente,
Sin hacer ruido, llega hasta la reja
Del balcón la beldad resplandeciente.

El apuesto doncel que la desvela
Sale del fondo de la sombra oscura,

Y al rumor de la dulce cantinela
Del zorzal, uno a otro le revela,
Suspirando, su amor y su ternura.

En su mano tiene él la mano de ella;
Entre ambos juega el brillo de la luna.
¿No te encanta ese cuadro? ¿La doncella
No despierta tu envidia? ¡Qué fortuna!
Yo digo: "¡Quién fuera él! ¡Qué buena estrella!".

EL ARROYUELO

DE RUNEBERG

A la orilla de un límpido arroyuelo
Una joven sentóse; y tristemente
Suspiraba con hondo desconsuelo,
Mientras sus pies bañaba la corriente.

Un pájaro, cerniéndose en el viento,
Empezó a modular tristes querellas
Con melodioso y dolorido acento,
Y así a la joven le decía en ellas:

—¡Hermosa y tierna joven, ten cuidado!
No enturbies, ¡ay!, el límpido arroyuelo,
Porque en él no veremos reflejado
Del cielo azul el transparente velo.

La joven miró al pájaro, llorando;
Intensa palidez cubrió su frente,
Y profundos sollozos exhalando,
Exclamó con voz trémula y doliente:

—No te aflijas, inquieto pajarillo,
Al ver que enturbio el agua cristalina,
Pues ha de recobrar su hermoso brillo,
Y al cielo copiará su faz divina.

Mas ¡ay! cuando me viste con mi amado,
Dándole de mi amor el juramento,
Tú debiste alejarlo de mi lado
Diciéndole con tierno y dulce acento:

—"No enturbies, ¡ay!, la límpida conciencia
De la incauta doncella pudorosa,
Que no tornará el sol de su inocencia
En ella a reflejar su faz hermosa."

SI TÚ ME AMARAS...

DE DENZA

A Mendieta Zúñiga.

¡Si tú me amaras, si mi vida oscura
Un tibio rayo iluminara un día,
Temblando de pasión y de ternura,
Dulces cantos de amor te entonaría!

¡Yo te dijera lo que mi alma sueña
Y cómo en fuego el corazón me inflamas;
Yo te dijera que de mí eres dueña
Si tú me amaras... Pero tú no me amas!

¡Si tú me amaras, ¡ay!, yo olvidaría
Mis dudas, mis tormentos y mi llanto;
Yo fuera por tu senda y formaría
De tus áureos ensueños el encanto.

Sobre rosas tus plantas imprimieras
Y te librara de punzantes ramas,
Y sabría morir si lo quisieras,
Si tú me amaras... Pero tú no me amas!

21 de noviembre de 1895.

THEE, THEE, ONLY THEE

DE THOMAS MOORE

El resplandor primero de la naciente aurora,
La lumbre entristecida que al día ve morir,
La noche que en un siglo convierte cada hora,
¡En ti pensando me hallan, en ti, tan solo en ti!

Si amigos me rodean, ajenos al quebranto,
Y rebosantes miro las copas refulgir,
Y me sonríe todo lo que antes fue mi encanto,
Sombría y triste mi alma recógese entretanto,
¡Que está por ti habitada, por ti, solo por ti!

Mi espíritu a la cumbre quería de la fama
En sus brillantes sueños el vuelo dirigir;
¡Pero hoy tan solo existe para él la ardiente llama
Que fue por ti encendida, por ti, solo por ti!

Cual pasan las riberas del mar ante el navío
Que frente a ellas cruza las olas de zafir
Y a un punto fijo avanza volando sin desvío,
Tal veo mundo y vida pasar, que el amor mío
¡En pos de ti me lanza, de ti, solo de ti!

Mis alegrías todas en ti tienen su fuente,
Por ti agitan en mi alma sus alas de carmín;
¡Y hasta el dolor es dulce para mi pecho ardiente
Si tiene en ti su origen, en ti, tan solo en ti!

Cual un encanto nunca se rompe si el acento
No vibra, a cuya magia no puede resistir,
Mi corazón, que altivo resistirá al tormento
Que quiera un día traerle de la desgracia el viento,
¡Por ti podrá romperse, por ti, solo por ti!

Tegucigalpa: 30 de agosto de 1896.

A ORILLAS DEL RHIN

(DEL "CHILDE-HAROLD", DE LORD BYRON)

I

La enhiesta roca almenada
De Drakenfels, que la cima
De la montaña corona,
Viendo el Rhin que se desliza
Entre los pámpanos verdes
Que festonan sus orillas;
Los árboles florecidos;
Las cultivadas campiñas,
Que en abundancia prometen
Las mieses y las vendimias;
Las ciudades que a lo largo
Del río están esparcidas
Aquí y allá, y cuyos muros
Del sol a los rayos brillan...
Todo forma un bello cuadro,
Que mis ojos con delicia
Contemplaran si conmigo
Tú estuvieras, dulce niña.

II

Aldeanas de ojos azules,
Seductoras campesinas,
Que ofrecen tempranas flores,
Frescas como sus mejillas,
Este Edén con sus acentos
Encantan y su sonrisa.

En lo alto de las montañas
Torres feudales antiguas
Elevan entre la hiedra
Sus altas paredes grises;
Y peñascos escarpados

Y, de una arcada, las ruinas
Este valle ven, do umbrosas
Glorietas forman las viñas.

Pero algo en estas regiones
Tan bellas falta a mi dicha:
¡Falta que pueda tus manos
Estrechar entre las mías!

III

Te envío los albos lirios
Que me han dado, dulce niña;
Bien sé que antes que puedan
Estar en tus manos níveas,
Habrán perdido frescura
Y aroma y color y vida.

Empero, no los desprecies,
Que cariñoso mi vida
Fijé yo en ellos pensando
Que la luz de tus pupilas
Pueden encontrar, y acaso
Guíen tu alma hacia la mía
Cuando mustios los contemples
Con mirada entristecida,
Y sepas que recogidos
Fueron del Rhin a la orilla,
¡Y es mi corazón al tuyo
Quien amante los envía!

IV

Majestuoso avanza el río,
Encanto de estas campiñas;
A veces de blanca espuma
Pasan cubiertas sus linfas;
A cada vuelta descubre
Sitios que en dulces sonrisas

Corresponden al halago
De sus ondas cristalinas.

¡Oh! ¿Qué mortal, por soberbio
Que fuese, no desearía
Que tan solo aquí corriesen
De su existencia los días?

¿En dónde, sobre la tierra,
Una región hallaría,
A la natura y a mi alma,
Tan cara, si tus pupilas
Su luz me diesen en tanto
Que el Rhin siguieran las mías?

2 de abril de 1896.

DE LORD BYRON

Traducida para un Álbum Fúnebre

¡Brillante sea la mansión de tu alma!
Ninguna cual la tuya, tan querida,
Ha roto la envoltura de la vida
Para ir al mundo de la eterna calma.

En la tierra buscabas el abrigo
De lo divino, que has hallado ahora;
Cesará nuestra pena abrumadora,
Al comprender que está tu Dios contigo.

Ligero el césped de tu tumba sea;
De la esmeralda el brillo haya en su alfombra;
Y pues de ti nos hablará, una sombra
De tristeza ¡jamás allí se vea!

Que un árbol siempre verde y frescas flores
Do yaces broten; pero no haya losa

Ni ciprés; ¿no veremos con llorosa
Faz, que gozas de eternos esplendores?

Marzo de 1894.

MELODÍAS HEBRAICAS

DE LORD BYRON

I
ELLA

Como la noche de los bellos climas
Do lucen las estrellas en el cielo,
Sin que se mire de una nube el velo,
Ella avanza serena en su esplendor.

Lo mejor de la luz y de la sombra
En su semblante se halla y en sus ojos,
Que brillan con ternura, dando enojos
Al sol, a quien el cielo la negó.

Si un rayo le faltara a su hermosura,
Si una sombra de más en ella hubiera,
No ondeara en su negra cabellera
Tanta gracia sin nombre y sin igual;

O no resplandeciera en su semblante
Esa llama serena y delicada
Que dice que es su alma una morada
Donde solo nobles pensamientos hay.

Cuando, en esa mejilla y en su frente
Tan apacible, tan radiosa y pura,
El dulce tinte del carmín fulgura
Y vuelan las sonrisas del placer,

Anuncian en su ser días tranquilos,
De la virtud pasados bajo el ala,
Un alma que tan solo paz exhala
Y un corazón que aún inocente es.

II

¡LLORAD!

Llorad por los que ve sobre su río
Babilonia, llorar desconsolados,
Cuyos altares yacen desolados,
Cuya patria es un sueño, una ilusión.

¡Llorad porque está rota el arpa dulce
Que de Judá cantaba la alegría!
¡Llorad...! ¡En donde Dios mansión tenía,
El descreído hoy tiene su mansión!

¿Dónde Israel sus pies ensangrentados
Lavará? ¿Cuándo Sión sus armonías
Volverá a alzar como en mejores días,
Que en la memoria solo viven ya?

¿Cuándo surgirá el día esplendoroso,
En que vuelva a vibrar, cual voz del cielo,
Del corazón colmado el vivo anhelo,
La ardiente melodía de Judá?

¡Oh, pobres tribus de errabunda planta,
De corazón rendido de fatiga!
¿Cómo la suerte volveréis amiga?
¿Cómo podréis reposo conseguir?

La paloma torcaz tiene su nido;
El zorro tiene su escondida gruta;
Cada hombre patria, a quien su amor tributa;
Israel... solo tumba en que dormir.

III
SOMBRÍA ESTÁ MI ALMA

¡Sombría está mi alma! Pulsa el arpa,
Y arráncale sonidos delicados,
Que, de las cuerdas al partir, alados,
Vengan mi corazón a conmover.

Si aún existe en mi pecho una esperanza,
Despertará al encanto de sus notas;
Si aún quedan de mi llanto algunas gotas,
Seré feliz sintiéndolas correr.

Pero que sean todos sus acentos
Melancólicos, graves: te lo imploro;
Necesito llorar y si no lloro,
Estallará mi triste corazón.

Nutrido en el pesar, mucho ha sufrido,
Y esperándole aún mayor tortura,
Debe al punto romperse, en su amargura,
¡O calmarse del arpa al blando son!

IV
TE VI LLORAR

Te vi llorar; la lágrima brillante
Que en tu pupila azul se detenía,
La gota de rocío parecía
Que en la violeta mírase temblar.

Te vi sonreír; la estrella del espacio
Ante ti perderá sus resplandores,
Que jamás con los vívidos fulgores
De tus ojos podrá rivalizar.

Como toma del sol la nube oscura
Ese tinte a la vez profundo y suave
Que la noche invasora apenas sabe
De la esfera borrar con su crespón,

De tu sonrisa en la alegría pura
El más sombrío espíritu se enciende:
El resplandor que de ella se desprende
¡Se queda iluminado el corazón!

V

CAÍSTE AL FIN

¡Caíste al fin! Ya empieza tu renombre,
La patria canta en versos inspirados
Los triunfos de sus hijos más amados,
El pavor que su acero difundió.

El nombre de los campos de batalla
Que al eco de su voz se estremecieron,
La libertad por quien su sangre dieron,
¡Y que su noble esfuerzo restauró!

Caíste; pero en tanto libres haya,
No podrá contra ti nada el olvido;
La sangre generosa que has vertido
No se pudo en la tierra consumir:

Es ella la que corre en nuestras venas,
Al par que de su espíritu la llama
En su ardor y entusiasmo nos inflama,
¡Y ánimos nos da tus huellas a seguir!

Nuestro grito de guerra, que los aires
Será tu nombre; y él será testigo,
De las grandes proezas que inspiró.

Tu muerte será el tema de los cantos
Que entonen nuestras vírgenes en coro;

220

Para ti fuera insulto nuestro lloro:
¡No serás deplorado nunca, no!

VI
"TODO ES VANIDAD", DIJO EL SABIO

Gloria, poder, amor, sabiduría
Disfrutar logré un día;
Supe lo que es ser joven, y en la frente
Sentir de la salud el dulce beso;

En mis copas, con brillo refulgente
Todos los vinos raros rebosaron;
En plácido embeleso
Las más hermosas formas, con creciente
Y seductor afán, me acariciaron;

A los rayos del sol de la belleza
Sentí abrasarse el corazón, y el alma
Desfallecer, henchida de ternura.

Cuánto existe en la tierra de grandeza
Y de real esplendor y de alegría,
Cuánto ya en la ambición, ya en la locura
Desear puede el mortal: ¡yo lo tenía!

VII
¡OH, SOL DE LOS QUE VELAN!

¡Oh, sol de los que velan! ¡Estrella melancólica,
Que para el llanto envías tu triste claridad,
Y el enlutado velo nos muestras de las sombras
Que no pueden tus rayos desvanecer jamás!

¡Oh! ¡Cuánto te asemejas a la alegría suave
Que siente el alma, un dulce recuerdo al evocar!
Así brilla el pasado: los días que volaron,
Con su lumbre sin rayos quemar no pueden ya.

Nocturna luz que esparces pálidos resplandores
Que vienen el insomne dolor a contemplar;
Oh, luz distinta y clara que tiemblas en la altura,
Tú brillas, sí; tú brillas: ¡mas oh! ¡con qué frialdad!

PASIÓN

DE EUGENIO DE CASTRO

En vano es tu frialdad. Ella acrecienta
El fuego de mi amor y mi deseo;
No verte y olvidarte mi alma intenta,
Y si los ojos cierro, más te veo.

Sigo humilde tus pasos. Mi ternura
No te conmueve, y crece más mi anhelo
Mientras más rudamente me tortura
De tus desdenes el punzante hielo.

Sé que tu cuerpo en flor nunca en mis brazos
Podré sentir; que nunca serás mía;
¡Y más feliz que un rey en dulces lazos
Otro mortal ha de estrecharte un día!

Mi corazón no se detiene en tanto;
Frío amor el amor que amor alcanza:
¡El amor verdadero, el amor santo
Es tan solo el amor sin esperanza!

EL DÍA Y LA NOCHE

DE LONGFELLOW

Vi ayer, al rayo del ardiente día,
Bogar la luna en el azul del cielo,
Macilenta y opaca: parecía
Cometa de papel de un pequeñuelo.

Ayer, del claro día al rayo ardiente,
Leí de un bardo un cántico sagrado:
De fantasmas y sombras solamente
Mi pensamiento lo encontró poblado.

Pasó el ardor del día, como el fuego
Se extingue, al fin, de una pasión; serena,
La noche desplegó su manto luego
Sobre la aldea y la campiña amena.

Brilló la luna en el azul profundo
Entonces en todo su esplendor, gloriosa,
Y difundió a torrentes sobre el mundo
Los blancos rayos de su luz sedosa.

Y el místico cantar que no entendía
Cual música celeste vibró en mi alma:
Su gracia, su misterio y su poesía
Me interpretó la noche en su honda calma.

5 de marzo de 1896.

AL MORIR EL DÍA

DE LONGFELLOW

A Jesusita Medina.

Ya el aliento postrer el día exhala,
Y de la noche que sus alas tiende
Pronto la negra oscuridad desciende,
Como la pluma que cae del ala
De un águila que rauda el vuelo emprende.

Tras la lluvia y la niebla brillar miro
Las luces de la aldea, levemente;
De mi pecho se exhala hondo suspiro,

Que una vaga tristeza hay en mi mente,
A la que en vano a resistir aspiro.

No es dolor mi tristeza: es un anhelo
Que hermano es del dolor, y denso velo,
Como él, extiende sobre el alma mía:
¡De la lluvia que baja desde el cielo
Es hermana la niebla húmeda y fría!

¡Venid, pues, y leedme una romanza,
Una alada canción sentida y bella,
Que hable de amor, de paz y de bonanza,
Y que haciendo pensar en la esperanza,
De mis penas no deje ni la huella!

No de aquellos que ornó el laurel glorioso,
Viejos bardos, de pelo encanecido,
De cuyos pasos el lejano ruido
Se dilata solamente y majestuoso
Por el eco del Tiempo repetido.

Sus altos pensamientos, como grave
Música son; en busca de la clave
De lo infinito elevan siempre el alma,
Que entonces el reposo hallar no sabe;
Y fatiga no quiero: ¡quiero calma!

Leedme, pues, de un bardo cuyo canto
Brote del corazón, -como el rocío
Vierten las nubes de su níveo manto
En la estación ardiente del estío,-
Como viene a los párpados el llanto.

De un bardo que después de largos días
De afanes y de noches sin reposo,
Que el ala del dolor tornó sombrías,
Aún oye en su alma extrañas melodías
Que alientan con su ritmo delicioso.

De esos cantos las dulces vibraciones
La calma al triste corazón devuelven,
Y a él llegan cual las santas bendiciones
Caen en las almas que hacia Dios se vuelven,
Al elevar fervientes oraciones.

Entonces, en ese libro que un tesoro
Es de poemas, escoged un canto,
Que blando ruede cual raudal sonoro;
Y al inspirado verso de alas de oro,
De vuestra voz prestadle el dulce encanto.

¡Y llenará la noche la armonía,
Y a los rumores de sus notas suaves,
Cual los jirones de la bruma fría
Se desvanecen al nacer el día,
Huirán del alma los cuidados graves!

18 de junio de 1895.

¡EXCELSIOR!

DE LONGFELLOW

To William Myers Little, Esq.

Sin temer la oscura sombra de la noche que avanzaba,
Ni las nieves ni los hielos, un mancebo caminaba,
Al través de pobre aldea de los Alpes tristes, yertos;
En su mano una bandera, a los aires ondeaba,
Donde escrito se veía un extraño lema: Excélsior!

En su frente se leía la tristeza, su mirada
Fulguraba cual si fuera cimitarra deshojada;
Y cual de un clarín de plata se dilatan los acentos,
De su voz amable y dulce, pero firme e inspirada,
Dilatábanse los ecos cuando murmuraba: Excélsior!

A su paso en los hogares venturosos vio las lumbres,
Encendidas, que en los muebles se reflejan y techumbres,
Alegrando con su brillo, calentando con su fuego...
Y las nieves como espectros relucían en las cumbres...
Un gemido de sus labios escapóse, y dijo: Excélsior!

"No prosigas tu camino, permanece en mi cabaña;
De la tempestad la niebla ya circunda la montaña;
Desbordado está el torrente"—le gritó con grave acento
Un anciano venerable; mas aquella voz extraña,
Como de un clarín las notas, replicó diciendo: Excélsior!

"¡Oh, detente aquí! ¡Descansa!" —con voz llena de
[ternura
Una joven suplicóle, deslumbrante de hermosura—
"Tu cabeza entristecida, ven y apoya aquí en mi seno...".
Una lágrima a sus ojos asomóse, de amargura;
Pero un suspiro exhalando, respondió tan solo: Excélsior!

"¡Ten cuidado! que los pinos, con estruendo pavoroso,
Caen en tierra, de los vientos al empuje tempestuoso,
Y que puede la avalancha sepultarte en tu sendero!"
Tal le dijo en la alta noche un labriego, cariñoso;
Mas su voz desde la altura contestó diciendo: Excélsior!

Al rasgar el primer velo de la sombra el alba fría,
Las piadosas oraciones que recitan cada día
Los monjes de San Bernardo elevaban a los cielos,
Cuando sobre sus cabezas un acento de agonía
Resonó, que el aire hendiendo sorprendido, gritó:
Excélsior!

El fiel perro acude al punto, diligente a la montaña,
Salva horribles ventisqueros y del bosque la maraña,
Y un viajero al fin encuentra sepultado entre los hielos,
Que en las manos frías, yertas, la bandera aún tiene
extraña,

Empuñada, donde escrito se veía el lema: Excélsior!

De aquel gris, triste crepúsculo a la luz descolorida,
El mancebo reposaba, siempre hermoso, ya sin vida;
Y vibrando melodiosa cual si fuese de los cielos
Una estrella desbordante de armonías, desprendida,
Una voz de las alturas descendió diciendo: Excélsior!

16 de marzo de 1896.

DELIA

DE LONGFELLOW

Dulce como el aroma que en el viento
Queda vagando, de las bellas flores
Que exhalaron la vida a los rigores
De una mano avezada a hacer sufrir;

Dulce como los cantos que lograron
Nuestros dolores consolar un día,
Y cuya suave y honda melodía
No tornaremos otra vez a oír;

Es, Delia, tu recuerdo! Dentro el alma,
Que se consume en amargura y duelo,
Esplende puro, como en triste cielo,
De blanca estrella el trémulo fulgor.

Ya tú descansas para siempre; ahora
Gozas de paz que imperturbable dura:
En el mundo no existe la ventura:
¡Duerme, alma mía! Duerme: ¡es lo mejor!

16 de febrero de 1896.

227

ANTE UN ESQUELETO

PARÁFRASIS

Al Dr. Ramón Rosa.

¡Esta ruina mirad! Fue esto un cerebro
Do brilló del espíritu la llama;
Fue esta célula asilo de la vida,
Y de esta otra la idea surgió alada.

¡Qué de hermosas visiones aquí habría!
¡Qué de sueños de gloria y venturanza!
¡Qué enjambre de ilusiones que ahora yacen
Del olvido en la tumba solitaria!

Del deseo, el amor y la alegría,
Del miedo y el pesar y la esperanza,
¿Dónde la huella está? ¿Dónde el indicio
De que fue este recinto su morada...?

En estas cavidades que la sombra
Hoy puebla nada más, y honda tristeza
Inspiran y pavor, viéronse un día
Dos pupilas brillar de vida llenas:

Si con culpable ardor no se encendieron;
Si solo casto amor llegó a moverlas;
Si, al través de las lágrimas, radiaron
Con el fulgor que vierte la inocencia;

Entonces brillarán esas pupilas
Con sereno esplendor en alta esfera,
Aun después de que rueden apagados,
En noche eterna, el sol y las estrellas.

En ese antro vibraba en otro tiempo
Una lengua ligera, viva y pronta:
Si desdeñó la falsedad; si nunca
De ella el dardo partió que hiere la honra;

Si antes calló que dar torpe alabanza;
Si las virtudes defendió animosa,
Sin atentar a la concordia noble;
Si de paz y de amor fue siempre su obra;

¡Entonces esa lengua bienhadada
Por ti hablará con elocuencia ignota,
Cuando de lo infinito y de lo eterno
El velo impenetrable se descorra!

Di, ¿la mina cavaron esos dedos,
O brilló en ellos el rubí precioso?
Tanto hoy les vale haber la roca herido,
Cual la joya ostentado de gran costo.

Mas si a buscar de la verdad llegaron
La luminosa página, y piadosos
Enjugaron del huérfano las lágrimas
Y al desvalido diéronle socorro,

¡Alcanzarán entonces mayor premio
Que el reservado a aquellos que afanosos
Corren en pos de pasajera gloria
O el brillo buscan seductor del oro!

Dime, esos pies, calzados o desnudos,
¿De la virtud hollaron el sendero?
¡Ah! Si dejaron la mansión lujosa
Para llevar el óleo del consuelo

Al hogar infeliz donde el humilde
Llora en honda aflicción; si el vil cohecho
De la grandeza desdeñaron siempre;
Si ante el deber jamás retrocedieron;

Si siempre guías fueron de sus pasos,
De la eterna justicia los destellos;
¡Entonces se alzarán con alas de ángel
Al brillante palacio de los cielos!

1892.

LA LEYENDA DE LA TIERRA

DE JEAN RAMEAU

Cuando el Creador, sin lindes, surgir hizo el espacio,
Espacio que no puede la mente imaginar,
Un saco echóse al hombro, en que de miles de astros
El ruido resonaba que hacían al chocar.

La milagrosa mano hundió en el saco enorme,
Y a paso igual y lento, pensativo avanzó,
Cual labrador, sembrando la vida de los soles
En los planos del éter que infinitos creó.

Y los lanzó a montones, lucientes y fantásticos,
Y caían girando con sagrado pavor,
Y los surcos del cielo humearon extáticos
A los pasos fulgentes del magno Sembrador.

Y su diestra los mundos arrojando seguía
En todas las regiones con ritmo sin rival,
Y enjambre doquier fueron de abejas encendidas,
Las estrellas de oro, de lumbre manantial.

"¡Marchad! ¡Marchad! —decía el Sembrador de
mundos—.
¡Del cielo en las estepas, oh astros, germinad!
¡Con vuestras florescencias poblad el azul puro!
¡Cantad! ¡Id encantando! ¡Haced gozar! ¡Gozad!

"¡Gigante ola de fuego, ve hacia la noche negra!
¡Crea tú la alegría! ¡Crea el diurno fulgor!
Y hasta lo inmensurable, vertiginosos lleva
Los fecundantes rayos de la luz y el amor!

"¡Y que en vosotros todo brille, exulte y prospere,
Y que seáis felices porque os bendigo yo,
Y cantéis sin descanso: '¡Gloria al Creador por siempre,
Al que sembrando soles lo infinito pobló!"

Y ante el Creador los astros, rebosantes de vida,
En torbellino vuelan del espacio al través,
Como en desierto llano que el estío calcina,
Granos de arena oscura, de un viajero a los pies.

Y giran sobre su eje seguro, inquebrantable,
Y el curso no les cierra ni aun de una nube el tul,
Y van brillando y cantan, y sus acentos graves
Un hosanna monstruoso forman en el azul.

¡Y todo era justicia, bien, hermosura, fuerza!
Y a sus seres radiantes cada astro pudo ofrendar
Cantos enamorados, su maternal corteza,
Y bendecir la Vida y el Cielo bendecir.

Cuando vació su saco y de encendidos globos
Fue bordado lo negro, el Sembrador miró
Un pequeño fragmento en los pliegues del fondo,
Que de uno de los astros allí se desprendió.

Entonces, distraído, sin saber qué astro de oro
Incompleto, el espacio fue lanzado a surcar,
El Creador, en el velo de una nube, de un soplo,
La partícula ínfima de sol envió a rodar.

Luego subió a lo alto de su trono escarlata,
Sobre el gigante estruendo de mundos que arrojó,
Y, como un rey que tiende atenta la mirada
De su pueblo al murmullo lejano, Él escuchó.

¡Él oyó la aleluya inmensa de las cosas!
Oyó en coro a los globos florecientes alzar
Cánticos de apoteosis, de armonías ignotas,
Viendo nubes de incienso sus pies acariciar.

La eternidad veía, de éxtasis palpitante,
Y veía en intenso y profundo clamor
Del universo el órgano vibrar ardientes frases
En perenne homenaje al triunfal Sembrador.

De pronto palidece. De aquel astral océano
Sordamente una queja hacia el cielo partió,
Partió y creció, y tan vivo fue su clamor amargo,
Que la ovación de todos los mundos dominó.

¡Era el átomo oscuro de la esfera quebrada!
Eran los seres viles de que se hizo país,
Llorando porque nunca a encontrar atinaban
Su Estrella-Madre en este rincón de cielo gris.

Y la queja decía: "¡Anatema! ¡Anatema!"
¡Somos seres errantes que la desdicha guió,
Pobre grey de vivientes de frente macilenta,
Que, para la luz creada, en la sombra se hundió!

"Somos los desterrados, cohorte abandonada;
Tan solo en nuestros ojos vése el llanto brillar;
Salobre es de los mares en este globo el agua:
¡Quizá nuestros abuelos lloraron sin cesar!"

"¡Anatema! ¡Anatema al Sembrador de lumbre!
¡A Aquél a quien loa la vasta creación!
Si al astro de que parte somos no nos conduce,
¡Sobre Él maldición siempre! ¡Maldición! ¡Maldición!".

Dios se levanta entonces de su trono escarlata;
Conmovido y llorando como el hombre, extendió
Sus brazos luminosos en la inmensidad vasta,
Y con su voz de trueno, majestuosa, exclamó:

"¡Partícula de Astro, que te llamas la Tierra,
Larvas que allí gimiendo estáis: Humanidad,
Don de la Muerte os hago, piadosa! ¡Cantad, que ella
Os llevará al Sol vuestro, de eterna claridad!":

¡Y por esto el Poeta, para los astros de oro
Creado, siempre altivo, siempre insensible al mal,
Desdeñando la tierra, fija en lo alto los ojos,
Que allá su vuelo un día elevará triunfal!

17 de septiembre de 1899.

www.ingramcontent.com/pod-product-compliance
Lightning Source LLC
Chambersburg PA
CBHW031036310726
48969CB00007B/2010